法的经济解释

法律人的倚天屠龙

熊秉元 著

人民东方出版传媒
東方出版社

推荐序

法律经济学的“海阔天空”

用黄家驹先生的《海阔天空》来概括熊秉元教授对“法律经济学”的“教与学”，再恰当不过了。正所谓：“从没有放弃过心中的理想”，“风雨里追赶”，“天空海阔你与我。”经济学之于新中国的命运，我有概括性的总结：新中国成立后的前三十年，“政治经济学”是显学；改革开放三十年，“制度经济学”为显学；经济学之于中国未来，也许不止三十年。我斗胆地预言，“法律经济学”将成为显学。“法律经济学”以及熊秉元先生作为该学科的研究者和布道者，必将“海阔天空”！

对应英文中的Law & Economics，中文中有法律经济学、法经济学等称谓，早先还有望文生义的“法和经济学”或“法与经济学”等译法。我认为法律经济学这五个字最为恰当，因其主旨就是用经济学的理论和方法研究法律问题，或简称“法律的经济分析”。至于为何英文不用Economics of Law或Legal Economics，只是约定俗成而已。

与法律经济学互为表里的“经济法学”是研究经济法的法学学科。法律经济学和经济法学两者虽然相关程度较高，但一个属经济学门类，另一个属法学门类，研究视角和思维习惯大有不同。

目前，英文版的法律经济学的学科手册（*Handbook of Law & Economics*）和学科全书（*Encyclopedia of Law & Economics*）都已齐备，教材和讲义也有多种，著作和论文更为繁多。但是，中文语境下，密切结合中国法律的法律经济学研究成果仍然薄弱。按照国务院学位委员会和教育部的规定要求，天津财经大学和浙江大学在应用经济学一级学科博士学位授予权下，希望能先后设立法律经济学博士点。这应该说是很有意义的探索尝试。作为这两个法律经济学博士点的倡导者，熊兄与我相互切磋助力，我从中受益良多。我们甚至还定了“君子协定”，即一旦在公众场合有思维陈旧、废话啰嗦迹象时，就应相互提醒，及时制止，以免丢丑而不自知。

“两线三区四象法”是我们试图创建的法律经济学的基本分析方法。借用其中的“四象法”可以构建如同下图的四个象限：I.“语言深＋道理深”；II.“语言深＋道理浅”；III.“语言浅＋道理浅”；IV.“语言浅＋道理深”。这四种组合对概括经济学的现状和发展问题简单明了。有兴趣者也不妨给经济学家或经济学论著按图索骥。在几个象限中都能游刃有余的高手微乎其微。

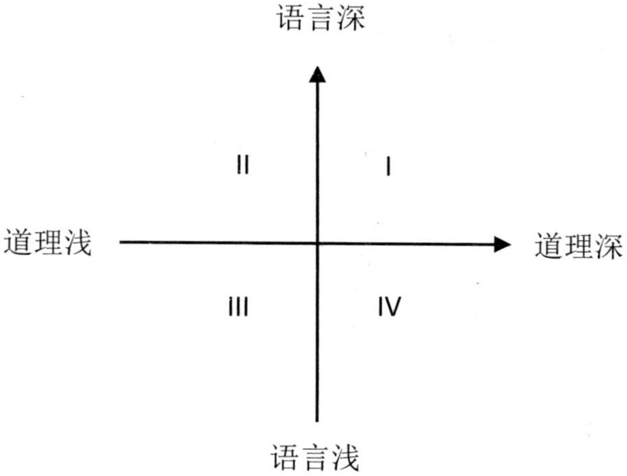

少量业内学者（小同行）属第 I 象限——阳春白雪，和者盖寡，但可自娱自乐。确有不少学者的文章或论文属第 II 象限，貌似精深，其实浅白，而且势头不减。第 III 象限暂且不谈。第 IV 象限，既“进得厅堂”，又“下得厨房”，诺贝尔奖得主罗纳德·科斯（Ronald Coase）堪称典范。从我多年的教学与科研实践中，发现一个耐人寻味的现象，就是经济学专业或学习经济学课程的学生，从学士到博士，真正融会贯通经济学思想，掌握熟用经济学思维的比例不会太高。法学院的学生是否会更难？所以，第 IV 象限的套路对法学院的学生而言可能更适合。

熊兄的著作和文章的特点是在第 IV 象限。本书又是一例。熊兄自己将其定位为“为法学院的新鲜人而作”是恰当的，便于“直接和学子/读者对话”也是可以预见的。他常讲，“真佛只讲家常话，道理可以浅中求”。我深信此言不谬。

关于这本《法的经济解释：法律人的倚天屠龙》，我还可以补充一二。在性质上，这本书是“法律经济学”的基本教材。和外文的类似著作相比，有一些差异。首先，众所周知，“法律经济学”这个小学科，是利用经济学的分析工具，探讨各种法学问题。在开疆辟土的阶段，最好先由经济学者担纲。虽然他们对于“法学”问题，或许稍有隔阂，但对于经济分析这套工具以及精髓所在，他们稍有比较优势。

其次，在英美法系社会，法律经济学通常是遵循传统，以“财产法”“契约法”和“侵权法”划分。而且，在西方法学传统里，道德哲学几乎是法学的脊梁。相形之下，大陆法系社会里，特别是在中文世界里，没有这些包袱，反而有较大的弹性，有较大的挥洒空间。

再次，学科的推广，可以循正常通道，在学校里通过课程，逐渐积累。然而，至少在目前(2017 年)，至少在中文世界里，能在法学院里讲授法律经济学的师资，屈指可数。因此，另一种推广的方式，就是提供适当的材料，让有兴趣的学子和专业人士，能够通过阅读，自己掌握法律经济学的基础知识。

这本《法的经济解释：法律人的倚天屠龙》和熊兄先前的《正义的成本：当法律遇上经济学》《正义的效益：一场法学与经济学的思辨之旅》，就是自学自习的材料。而且，他辅助性的《解释的工具：生活中的经济学原理》《优雅的理性：用经济学的眼光看世界》和《生活的经济解释：经济学的诗和远方》等，无论在深度还是广度上，都已经相当充分。大学一年级以上的学子，只要慢慢浏览、细细琢磨、不时思索，毋庸外而求也，自己就可以登堂入室。以这些材料，在中文世界里推广法律经济学，我预祝他开疆扩土，开花结果！

于　立

（作者曾任天津财经大学副校长。天津市人文社科重点研究基地——法律经济分析与政策评价中心主任，国务院反垄断委员会专家咨询组成员，东北财经大学产业组织与企业组织研究中心学术委员会主任。）

自序

重新发明轮子

一个学科成熟的标志，是有基本的教科书，把这个学科众议佥同的材料，介绍给学子们。而且，还有许多相关的著作，帮助学子们进一步探索。中文世界里，“法律经济学”的教科书和相关著作，也逐渐露面问世。

我笔下的三本书——《正义的成本：当法律遇上经济学》《正义的效益：一场法学与经济学的思辨之旅》以及这本书，也属于这一类。稍微精细一点，前两本书可能适合法学院大三以上的同学；这一本，则是为法学院的新鲜人而作。希望他们在接触法学的时候，就有机会接触到有别于传统法学的“法学绪论”。

这本书的性质和内容，值得稍作介绍。首先，因为开设“法律经济学”课程的法学院还很有限，能担任这个课程的老师也不多。因此，撰述时，我希望直接和学子/读者对话，学子/读者能够自修自习，无须假手他人。其次，学习一门学科，是一个熟习和消化的过程，重要的概念和观点，可能以不同的方式，多次呈现。加黑注明的部分，更是关键所在，值得反复琢磨。

再次，除了正文之外，每一讲都附有两个作业题，在作业题之后，都附有“参考答案”。但是，学子/读者不妨另辟蹊径，思考其他可能的响应。毕竟，“参考答案”是作者的观点，琢磨出自己的体会，才是自己的心血。而且，培养学子/读者的思索分析能力，更是这本书的目标之一。

还有，既然是基本材料，值得多读几次。每次看时，不求快，最好同时在每页旁白处注记，不论是自己的心得还是不同的意见，都值得记下。过一段时间再看，相信对本文和自己的注记，都会有不一样的体会。点点滴滴，自己的功力就慢慢累积精炼而成。

众所周知，千百年来，法学有着高贵而尊荣的传统。历来的硕儒巨擘，对法学有诸多精湛绝妙的阐释。然而，毫无疑问，1960年由美国芝加哥大学发轫的“法律经济学”(或“法律的经济分析”)，对法学提出截然不同的解释。就法学而言，这是不折不扣的“重新发明轮子”(reinventing the wheel)!然而，当初法学界的嘲讽调侃排斥，现在早已是过眼烟云。不但在美国的法学和法学院里，由一席之地而渐渐成为不可或缺，甚至成为主流。在各级法院和最高法院里，法律经济分析已经登堂入室而且高居厅堂之上。

和中外类似的法律经济学教科书/讲义相比，本书有两点特色，值得稍稍自矜自是：第一，利用前四讲的篇幅，明确地标示出经济分析的基本架构。而且，利用“基本单位—行为特质—加总/均衡—变迁”的架构，一以贯之地处理诸多法学问题，包括阐释最抽象、层次最高的核心——“正义”的概念。第二，本书的理论是基于真实世界，明确提出“实证法学”(a positive theory of law)的概念，并且和传统“规范法学”(a normative theory of law)相对照。在方法论上，本书的这两点都稍稍有新意，而且有待进一步阐扬推广。

除此之外，在引介经济概念和分析架构时，全书不用方程式、数学。主要运用的是文字叙述，以及简单易懂的辅助图形。还有，生活中触手可及的经验，也是阐明理论的重要依据。原因很简单，真佛只讲家常话，道理可以浅中求。

“重新发明轮子”，言外之意有不少黑色幽默。然而，奥运跳高项目，由剪式、滚式到背越式，也是在重新发明轮子(新的过竿方式)。经济学者把经济分析引入法学，性质上也是如此。无论结果如何，至少意味着“周虽旧邦，其命维新”的契机！

本书完成之后，除了请学友批评指教之外，也作为课程的教材。在浙江大学等多所高校的“法律经济学”课程里，是作为必读数据和课堂讨论的起点；在为法官和检察官规划的“特别营”里，也提供给一线的司法专业人士参考。由开始撰写到完成，花了三个月的时间；完成之后的修改，大概花了两倍的时间。成果不尽完善，只能说是差强人意，适合作为引玉的砖瓦！

目录 Contents

第一篇　分析架构

各种社会现象，都是由人类行为汇集而成，社会科学的功能，就是针对社会现象（而非自然现象），尝试提出合情合理的解释。这一篇的前四讲，就是构建社会科学的基本架构。第五讲是案例分析，把基本架构和社会现象作一联结。对于社会科学研究者而言，这个世界是有意义的，可以“以理解之”！

第二篇　法律的由来

法律的形成和变迁，也是社会现象之一。对于法律的基础，传统法学多是立基于道德哲学。相形之下，社会科学追本溯源，由初民/原始社会开始，描述法律的出现、性质以及道德的功能。第二篇的意义，是在第一篇的基础之上，建构“实证法学”（A Positive Theory of Law）。

第三篇　法内法外

正义的理念，贯穿法学和司法运作。社会科学（social sciences），是由法学之外的视角，对法律作更全面的检视。还有其他关键性的因素，对法学和司法运作有着不可忽视的影响。这一篇里，将探讨一个重要的影响因子：信息（information），是隐身于法学内部的主导力量。

第四篇　游于艺

“工欲善其事，必先利其器”。同样的道理，要学好法律，最好先掌握学习的态度、方向和技巧。这一篇的各个讲次，就是针对“学好法律”娓娓道来。而且，更进一步阐明，如何体会法学的智慧结晶，如何优游于法学的智慧资产财富之中。

第一篇　分析架构

各种社会现象，都是由人类行为汇集而成，社会科学的功能，就是针对社会现象（而非自然现象），尝试提出合情合理的解释。这一篇的前四讲，就是构建社会科学的基本架构。第五讲是案例分析，把基本架构和社会现象作一联结。对于社会科学研究者而言，这个世界是有意义的，可以“以理解之”！

第一讲　分析架构和层次

宗旨

第一讲有两个重点：第一，标明作者（我）所认定的、法律经济学的重要智慧结晶。第二，介绍经济分析的结构，以及下面各讲希望阐明的理论层级。

智慧结晶

法律经济学，是利用经济学的分析架构，探讨法学问题。依我浅见，主要的四点体会如下：**第一，先了解社会，再了解法律。第二，让证据说话。第三，法律的功能未必是追求公平正义，而是处理价值冲突。第四，法律的功能，过去是以除弊为主，今后则是以兴利为主。**

分析架构

在很多经典经济学教科书里，都尝试总结经济学这个学科的精髓。譬如，保罗·安东尼·萨缪尔森（Paul Anthony Samuelson，1915–2009）的《经济学》和尼古拉斯·格雷戈里·曼昆（Nicholas Gregory Mankiw）的《经济学原理》。中文世界里，张五常的巨著《经济解释》，已经有经典的地位。此外，拙作《解释的工具》总结经济学，也可以参考。

相形之下，依我多年沉吟，经济分析的架构可以利用图 1–1 表示。**分析架构有四个环节：分析基本单位、行为特质，加总和均衡，变迁。**

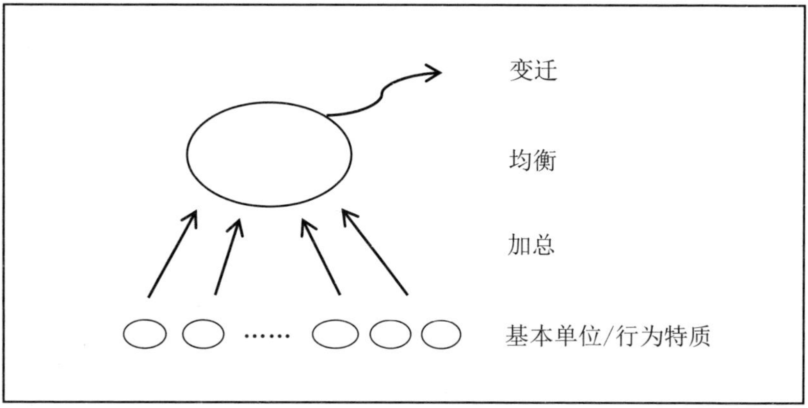

图 1–1　经济分析基本架构

分析架构：初释

对一位生理学家来说，可能把人体分成骨骼、血液等，然后把细胞当成是基本的分析单位。同样的，经济学者逐渐归纳出的理论架构，也有分析的基本单位——个人，而不是更大的单位（家庭），或更小的单位（原子、分子）。

简单地说，经济学的发展过程，有两大阶段：前一个阶段是探讨“经济活动”，主要是指生产消费、买卖交易、货币金融等。慢慢地，经济学者归纳出一个简洁的架构，可以探讨各种经济活动。后一个阶段，大概是由 1960 年起，经济学者福至心灵，发现可以把分析架构抽象化。利用同样的架构，不只可以分析“经济现象”，也可以分析“社会现象”“政治现象”等。因此，经济学者开始进入社会科学的其他领域。

这种延伸和扩充，在其他领域里也屡见不鲜。譬如，由绘画中归纳出“美学”的概念，可以运用在摄影、设计、电影、小说等范围。由研究战争和冲突所发展出的**“博弈理论”**（game theory），可以用在商业、政治、家庭、男女恋爱，乃至于个人和自己的挣扎里。用成语来表示：**以简驭繁，一以贯之！**

理性自利

个人是分析的基本单位，而关于人的特质，经济学者归纳出两点：理性和自利。**理性**（rational），是指人这种生物能思索，也会思索。**自利（self-interested）**——不是自私（selfish）——是指人这种生物，会做对自己有利的事。利益，包括物质和精神，也可能包含别人的利益。

理性

图 1-2 展现理性和“不理性”。常态分布的两端，左边的 5%，是住在精神病院，思索的能力和内容与多数人不同的人。右边的 5%，是喝了两瓶五粮液或金门高粱酒的人，不能思索。这些人的行为，适合由生理学家和精神科专家研究。中间 90% 的部分，是一般人、正常人，是能动脑筋思索的生物。

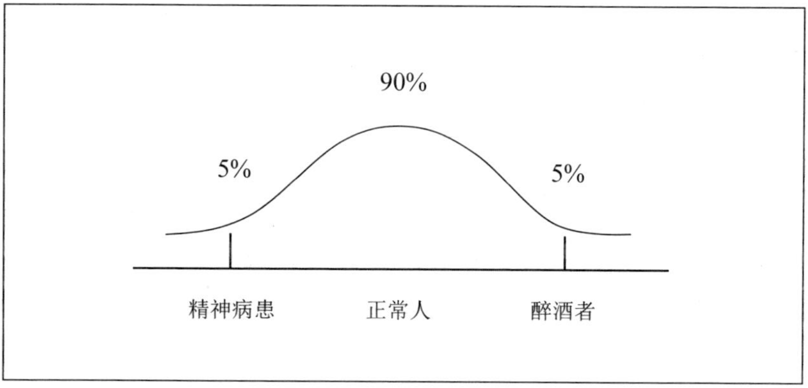

图 1-2　理性和不理性

关于理性，可以澄清一些常有的误解。首先，图 1-3 画出几个时点：t_1 是公证结婚时，双方满心欢喜，誓言白头偕老、至死不渝；t_2 是蜜月期已过，柴米油盐酱醋茶的日子；t_3 是彼此如水火，吵闹不休的时日；t_4 是公证离婚，各奔东西的时点。在 t_4 这个时点，人们很可能认为：回头看，在 t_1 的决定是"错误的选择"。然而，这已经是 t_4，能用这个时点的情怀论证 t_1 的决定是不理性的吗？不能！也就是，**人是理性的，并不表示人不会犯错！**

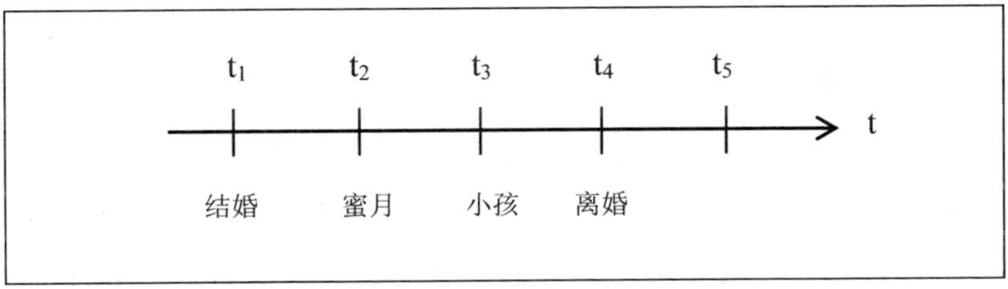

图 1–3 理性也会犯错

其次，理性有刻度高下之分——在商业上和竞争对手锱铢必较的思维，想必和酒桌上与朋友打敬酒官司时不同。同样的，三十而立的思维，与五十而知天命时的思维相比，缜密程度当然有高下多少之别。而且，这些现象还隐含了重要的一点，人会有意无意地**"换挡"**（shifting gear），选择以多少的理性来面对环境。理性的运用，可能超过一般人的想象。

再次，法学里经常会提到**"激情犯罪"**（crime of passion），看似不理性，其实不然。激情犯罪时的理性，和平常不同，但不是没有理性——激烈吵架时，气愤而动刀动手伤害对方，不就是目标明确，希望尽可能宣泄自己的愤怒，伤害自己眼前的对象吗？

最后，采取“人是理性的”这种立场，可以清楚明确地一以贯之。相反的，如果采取另一种立场：人有时候是理性的，有时候是不理性的！那么，问题立刻出现：哪些因素决定了人的取舍？由理论建构的角度着眼，这是自找麻烦，舍近求远，看似聪明，其实思虑短浅！

自利

关于人是自利的，更容易引起一般人的困惑、排斥，乃至于贬抑，有几点值得澄清。首先，自利，是指人的行为，“是”对自己有利的。这是一种实际上的描述，是**“实然的”**（a positive description），而不是**“应然的”**（a normative prescription）。也就是说，无关价值判断，这是一种对事实的描述刻画而已！

其次，利益（interests），当然有很多种：物质精神，狭义广阔。把自己打扮得风光亮丽，固然是自利；把自己的家小照顾得快乐康健，当然也是自利。很少有人是不顾自己、自己的家小，而一心一意去照顾别人、别人的家小。当然，这些人的行为，也是自利，只不过“自利”的内容，与众不同罢了。雷锋的行为，是不是属于这一类，可以当成作业，好好琢磨。

再次，有人质疑，对于那些“损人不利己”的人，行为是自利的吗？有两点值得细究：第一，“损人不利己”通常是指别人的行为而不是指自己。如果 t_4 这个时点，想起自己 t_1 时的行为，其实是损人不利己，那么，这已经是不同的时点，数据库不同，情境也不大相同矣。第二，有些人、有些时候，会在伤害别人的同时，也伤害了自己：譬如，把情敌打伤！这时候，加加减减，自己从里面得到的快乐（？！），必然是超过自己所承担的损失——苦肉计，差堪比拟。

最后，1993 年诺贝尔奖得主**道格拉斯·塞西尔·诺思**（**Douglass Cecil North，1920–2015**），在集大成经典《制度、制度变迁与经济成就》（*Institutions*，*Institutional Change and Economic Performance*）里，第二章就提出理论上的大哉问："合作——理论难题"（Cooperation : The Theoretical Problem）。他探讨的主题，是整个社会的经济表现，但是追根究底，把问题的关键归结到人与人之间的"合作"。隐含的意思，至少有两点：经过长期的演化，自利已经是人的本性，"利他"，只有在特殊条件下才会出现。还有，合作互惠，并不容易，特别是范围扩大，人数增加之后。

理性自利：合论

在经济学者眼中，人"是"理性自利，而不是人"应该"或"不应该"理性自利。这是对实际情况的描述，而不是一种价值判断。

当然，关于"理性自利"，也可以有不同的立场。**温和的立**

场（weak form），是把理性自利当成是一种假设，是为了便于分析所采取的前提。另一种，是**强势的立场**（strong form），认为理性自利是一种事实的描述（factual statement）。很明显的，后者是“经济学帝国主义”（Economic Imperialism）的态势。哪一种立场较好、较有说服力或较有趣，当然本身又是一个可以争议不休的问题（Lazear，2000）。

诺贝尔奖得主**盖瑞·史丹利·贝克**（**Gary Stanley Becker，1930–2014**），博士论文在1976年出版为书，名为《人类行为的经济分析》（*The Economic Theory of Human Behavior*）。1992年，当他得到经济学的桂冠发表演讲时，题为“行为的经济分析”（An Economic Approach to Behavior）。言下之意，经济分析不只适用于探讨人类行为，对于乌贼、老鼠等的行为，也同样适用。珍妮特·戴·兰达（Janet Tai Landa，2012）回顾生物学的文献，饶有兴味地归纳出：蜜蜂和蚂蚁的防御工事和应战策略，完全可以用经济理论来解释。

另一位诺贝尔奖得主**罗纳德·哈里·科斯**（**Ronald Harry Coase**），对于经济学者在其他领域里大张旗鼓、“张牙舞爪”，期期以为不可，或者至少很保留。他意有所指地表示：也许，对于经济问题，经济学者觉得力有未逮，才跑到其他领域去试试手气吧？！然而，经济分析是否适于进入其他领域，在这个问题上，不妨让证据来说话。事实上，科斯自己都这么表示：“经济学者就像卖瓦罐的小贩，向人们兜售自己的产品。”在其他领域里，经济学者能不能引领风骚，就看他们能不能逮得住耗子！

法学和经济学

就法学和经济学这两个学科而言，毫无疑问，法学的历史更为悠久。近代经济学的奠立，通常以亚当·斯密1776年出版的《国富论》为准，时至今年（2017年），也不过才两百多年。然而，就理论的发展和严谨性来看，经济学却有一些明显的特点，值得法学参考借鉴。

法学理论：浅析

翻开任何一本法理学的教材，或看看法学期刊里的论述，约略可以得到两种印象。法学理论，大概有两种：第一类，是以思想源流为名，譬如：自然法学派、现实主义法学、功能主义法学，等等。第二类，是以学者个人为名，譬如：亚里士多德、柏拉图、康德、哈特、德沃金的理论，等等。

这些“理论”，添增了法学的内涵，丰富了法学的思维，当然价值可观。然而，这些理论虽然反映了时代特色或个人慧见，却多半呼应一时一地，而不是能跨越时空、普遍成立的**“一般理论”（a general theory）**。一言以蔽之，在法学理论里，似乎（？）并没有众议佥同的核心（core），是被主流法学界所共同支持，能够作为法学理论的基础，并能据以发展各个部门法的理论。

借着一个例子，可以稍稍反映这些理论的潜在问题。具体而言，华人文化里“儒家”“法家”“墨家”等思想，各有特色，而且在历史长河中，曾经各领风骚。然而，无论引据哪一家，能够指引目前的法学问题，对立法工作和司法实务，有明确的呼应吗？勉强地援引，往往捉襟见肘，传统思想学派如此，难道西方法学思潮不也是如此吗？就理论的普遍性和严谨性而言，法理学还有很大的发展空间！

法学界的学子（包括学者），不妨心平气和地自问："先了解社会，再了解法律。"对于社会，自己有没有一个清晰有力的分析架构？同样的，自己对于法律的了解和阐释，所依恃的又是什么？在自己的工具箱里，是不是主要就是"甲说乙说"以及自己的生活经验？对于具体的法学问题，自己的判断是依据一些想当然耳的信念（beliefs），还是可以追究到基于事实（facts）的论述？或者，换一种检验方式：在论断法学问题时，自己所依恃的"权威"（authority），是信念还是事实？

经济理论：引申

对于法学而言，经济理论至少有三点值得强调。第一，官司案件，是法学研究中重要的材料。天平两边谁输谁赢（或共输共赢），往往系于一线之间，因为魔鬼常常躲在细节里。经济分析探讨经济活动，对于盈亏可以计较到锱铢（小数点）。因此，在分析利弊得失上，经济分析涉及金钱数字，本身就隐含论述取舍上的优势。

第二，经济学只是一套分析工具（或思维方式），在相当程度上，是价值中立（value free）的。伦敦政经学院蒂莫西·约翰·贝斯利（Timothy John Besley）教授的一段话，平实而中肯："其实经济学并不隐含任何立场或结论——经济学只是一套分析世界的工具，而且可能得到各种不同的结论，包括赞成政府干预和反对市场干预的结论！"[①]——这是他发表长文，响应迈克尔·桑德尔（Michael Sandel）对市场和经济学（者）的质疑。言下之意，经济分析只是工具，在相当程度上，是价值中立的。

第三，法学里（司法实务上亦然），概念（concepts）具有非常重要的地位。然而，各个概念的内涵和外缘（边界所在），却往往是（又是）诉诸争论者的个人经验或学界大佬的判断。相形之下，"概念"也是社会现象的一环，也可以援用经济分析的架构。对于各种法学概念作成本效益分析，既有智识上的兴味，对司法实务也非常有参考价值。**（预告：第二讲里会以实例说明，"危险"这个概念，本身也需要检验！）**

尾声

第一讲里，勾勒了经济学的分析架构，也描绘了法学和经济学之间的关联。具体的内容，可以条列式地归纳出几个重点：

第一，经济学的分析架构，可以总结为四个环节：分析的基

① Besley（2013，p.492），"[E]conomics does not really imply anything–it is just a set of methods for studying the world that can be used to reach a variety of conclusions including a pro–market or a pro–state position."

本单位、行为特质，加总和均衡，变迁。

第二，个人，是分析的基本单位。对经济学者而言，个人具有两个特质：理性和自利。

第三，经济分析的架构，可以探讨经济活动，也可以分析社会、政治、法律等其他问题。

第四，经济分析的性质，是实证的，让证据说话，可以为法学理论提供稳健的基础。

第五，对于法学里的各种概念，也可以援用经济分析的架构，探讨内涵和边际所在。

作业

问题 1：母亲冲到火场里救自己的子女，是不是理性自利的？

参考分析：两点事实，可以作为分析论述的起点：第一，母亲冲到火场里，救的是“自己”的子女。到火场里去救其他人子女的母亲，可能屈指可数。第二，即使火场危险，你知我知，但母亲是自愿的，没有人拿着枪逼母亲，使她非去不可。

问题 2：法学和经济学这两个学科，为什么法学出现得比较早？

参考分析：存在不一定合理，存在一定有原因。对于看似不寻常的问题（或社会现象），若能以理解之（理解），表示自己的分析架构（思维方式），有一定的解释力。这个世界是有意义的，可以试着解释。

法学出现得比较早，因为需要使然。原始社会里，人际相处就有摩擦纠纷。因此，为了善后，自然发展出一些机制（mechanism）。随着社会的发展，摩擦纠纷所涉及的权益增加，社会上逐渐有能力支持法学这种专业。相形之下，经济活动由物物交易到货币经济，合而两利、互蒙其利。并没有特别的需要，必须发展和支持“经济学”这个专业。在这种解读下，**法学是人类社会的必需品，而经济学是奢侈品，社会发展到一定程度后才会出现**。

参考文献

① Besley，Timothy，“What’s the Good of the Market？ An Essay on Michael Sandel’s *What Money Can’t Buy*？”*Journal of Economic Literature*，51（2）：478-495，2013.

② Hirshleifer，Jack，“The Expanding Domain of Economics”，*The American Economic Review*，75（75）：53-68，1985.

③ Landa，Janet，“Gordon Tullock’s Contribution to Bio-economics”，*Public Choice*，152（1/2）：203-210，2012.

④ Lazear，Edward P.，“Economic Imperialism”，*Quarterly Journal of Economics*，115（1）：99-146，2000.

第二讲　行为特质和规则

宗旨

第二讲有两个重点：第一，阐释经济分析架构的第二个环节，也就是人的“行为特质”。第二，由行为特质联结到法律，清楚展现经济分析和法学之间的关联。

行为特质

第一讲里说明，个人是分析社会现象的基本单位，而在经济学者的眼中，人具有两个特质：理性和自利。然而，根据这两个特质，人在行为上又会展现出哪些清晰可辨的规律性（regularity）呢？

一般人可能会认为，人有七情六欲，行为的动机和表现千奇百怪。然而，对于（头脑简单、世俗无比的）经济学者而言，总希望能以简驭繁、一以贯之，用简单的概念解释诸多社会现象。经过历代经济学者的努力，已经慢慢归纳出一个重要的体会：**“降低成本”是人们行为的“主要驱动力”(the major driving force)**。无论目标如何（做功课、做家务、追男女朋友、吃喝拉撒睡，等等），自然而然地，人们会以较省事、少费心力的方式进行。每个人不妨自问，自己的行为是不是如此？抽象一点来看，学者希望理论能“以简驭繁”，也正是降低成本的反应，不是吗？

规则

生活里，规则无所不在：走路开车，多数华人社会靠右，中国香港、英国等地靠左。吃饭喝汤时，不能呼噜作响，不能穿睡衣逛大街，不能家暴（包括言语），等等。然而，规则的意义，一般人却往往知其然，而不知其所以然。

抽象看来，规则的意义可以由下面的图 2–1 看出。“光谱”（spectrum），是指这个线段上面有很多点或很多个区间。若是颜色，光谱上有红橙黄绿蓝靛紫，还有许许多多介于这七个点之间的其他颜色。同样的，人们的各种行为，也有众多的可能性。譬如，走路，可以直走、侧走、倒着走、倒立着走、绕着圈走……眼前所见，通常是演化之后的规律性，只集中在光谱上的某一小段区间。但是，对于社会科学家而言，值得有较完整的体会：光谱上还有其他的点（其他的可能性），只是比较少见而已！

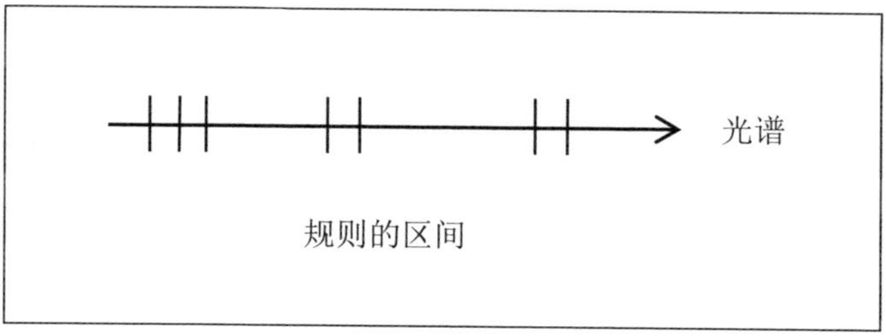

图 2-1　行为的光谱

结合

由降低行为成本，可以清楚而直接地解释，规则由何而来？在光谱的诸多可能性里，人们会慢慢地缩小范围，进而集中在一个区间上。这么做，可以大幅降低行为的成本。对个人而言，就是日常生活、饮食起居，乃至于言谈举止的习惯（routines）。对于一个人以上的人际之间的互动，也是如此。**规则的形成，有助于人际间的相处，可以降低彼此互动的成本。**

这个过程，有两点值得强调：一方面，由降低行为成本而规则化，是一个自然而然的过程。不是根据上苍旨意或圣人教诲，而是完全符合了人们理性和自利这两个特质。另一方面，对群体而言，“规则”的出现，已经隐含了风俗习惯（不成文法）和典章制度、法令规章（成文法）的由来。而且，群体的规则，主要是对这个群体的成员而言，是有利的；对于群体成员外的其他人，却未必符合一般人或公众的利益。也就是，群体的规则，是小范围、地域性的有益（locally efficient），和大局、社会未必有关。譬如，华人社会聚会聚餐时，大声说话彼此呼应，从心所欲称心快意。然而，对旁边的人而言，却是嘈杂喧嚣，令人侧目。

一言以蔽之，“规则”的出现，无论对个人还是群体，都是一**种工具性的安排，具有功能性的内涵**。背后的驱动力，就是降低行为成本，完完全全呼应人的理性和自利两大特质。

最小成本：案例

降低成本，是行为主要的驱动力，也会清楚或隐晦地反应在律法里，无论是成文法还是不成文法的传统。

美女与野兽，两岸的两案

前不久，八达岭野生动物园发生老虎伤人的意外事件，备受热议。几年前，台湾也发生过老虎伤人的事故。站在法学教育者的立场，值得由对比分析里，萃取有意义的法学思维，除了有益法理的发展，也希望能对社会大众有参考的价值。

首先，是发生在台湾的老虎伤人事件。苏联解体之后，很多演艺人员到世界各地去表演，包括芭蕾舞星、歌唱家、魔术师等。其中，一个马戏团，到台湾去巡回演出。

有一天，马戏团要载运一只老虎，从甲地送到乙地。装笼后，笼子上明确告示："老虎危险，请勿靠近。"小货车行经某一个十字路口，刚好碰上红灯停下。一个 38 岁的女性经过，想摸摸老虎的毛，手伸进笼子，老虎一回头，咬断了她的手。很明显，这个意外涉及两方面：38 岁的女性，以及载运方 / 马戏团。这个纠纷，如果双方不能和解，法庭如何判断，比较合理？

利用时间轴，图 2–2 呈现了几个重要的时点：t_1 老虎装笼，t_2 货车开到十字路口，停下，t_3 女士伸手拍虎，t_4 女性的手少了一截，t_5 双方打官司，分出是非！其他时点，譬如车行哪些路线，哪个十字路口停下，等等，并不重要。那么，由图 2–2 来看，法院该如何斟酌较好呢？在马戏团和美女这两方里，谁应该负多少责任？理由何在？

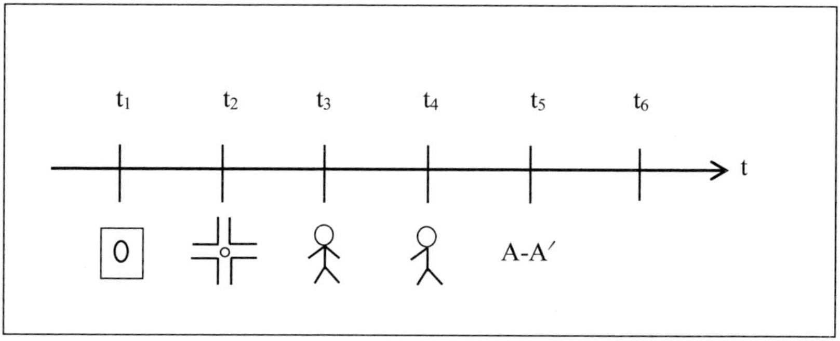

图 2–2　美女与野兽

在我面对的各种场合里（包括法官和检察官），很多人都认为：女士要负主要责任（超过 50%），因为已经有警告标示，她又是

38 岁的成年人。在图 2–2 里，这个思维隐含着，t_2 是关键的时点，因为在这个时点上，美女出现，准备出手。

然而，考虑这个意外的前因后果，t_2 不是重要的时点，t_1 才是关键所在。原因也很简单：老虎的习性动作，马戏团和载运方最了解。只要在装笼的时候，以很低的成本采取防范措施，就可以避免后面的意外。譬如，把老虎装笼之后，放在一个更大的笼子里，即使手长如姚明者，也碰不到内层的笼子，不就没事了吗？或者，在笼子的内层，铺上一层细密但通风的防护网。或者，在笼子外面罩上一个深色防护布套，留下通气口。这些简单的措施，都可以防范不幸事件。

还有，很多人认定：老虎危险是常识，而且又有警告标示。38 岁女士去招惹，当然自己要负主要的责任。然而，稍稍琢磨，这种判断是自相矛盾，逻辑上站不住脚。试想：如果她知道老虎危险，难道还会把手伸进去吗？可见得，逆向推论：她并不知道老虎多么危险！也就是，由此可以引发一个法学上有趣的概念，什么是“危险”？

危险，至少可以分成两类：精确的（precise）危险和模糊的（vague）危险。热水烧开了，100℃，你知我知，摸了会烫手，这是精确的危险，因为有实实在在的生活经验作基础。然而，一般人看到老虎，是在电视节目或动物园里，时间有限又隔得远，老虎危险，只是一个模糊的概念。当然，家里有“母老虎”的人，对于“母老虎”的凶猛程度，会了解得多一些！

因此，基于以上这两点主要考虑，马戏团 / 载运方当然要负主要（甚至是绝大部分）的责任。在逻辑上，和“宠物伤人，饲主负主要责任”一致——遛狗时，让爱狗戴个嘴套，成本很低，却能避免潜在的意外不幸事件。

八达岭的意外，情节可以简述：在野生动物区，一位女士下车被老虎衔走，其母亲情急下车，也被攻击。最后，母亲当场死亡，女士也重伤。这件意外的责任归属，也相当清楚：根据“最小防范成本”，在野生动物区里，只要游客遵守园方事前的提醒不要下车，自然就不会有意外发生。所以，和台湾的情节刚好相反，是这位女士要负主要的责任。台湾的老虎伤人案，载运方要把危险的老虎好好关在笼子里（fence in）；八达岭的老虎伤人，游客要把危险的老虎挡在车体外（fence out）。做法虽然不同，但是抽象来看，都符合“最小防范成本”。

除此之外，在另外一个层次上，还可以进一步琢磨这两件意外所涉及的法理。具体而言，这和“野生动物园”的性质有关，一般动物园里，动物被铁笼栅栏等隔绝，和游客有一段距离。但是，野生动物园让游客（在车内）置身在野生动物之中，园方所耗费的人力物力，要远远超过一般。因此，野生动物园的门票，要高过一般动物园 20% 以上。主要的原因，并不是前者的风险高，而是要布置“原汁原味”的野生情境，成本高昂。换句话说，在野生动物区里，野生动物是主流价值，游客们不该有干扰动物的举动。相形之下，在台湾的案例里，一般市民的正常生活是主流价值，载运老虎的货车，是把危险的东西带到一般人的正常生活里，自然要承担主要的责任。

这个观念，在生活里还有许多事例。去过中国香港（和英国）的游客，或许都注意到：在人行道的路口，地面上都用白色油漆漆了醒目的大字“向右看”（Look Right）。原因很简单：在中国香港（英国习惯），开车是靠左，因此，要提醒外来游客，过马路时该看来车的方向，是右边而不是左边。在中国香港（和英国），当地人的开车习惯，是主流价值，外地的游客，就像置身野生动物区的游客一样，要尊重当地的主流价值。

美女与野兽案，是真实世界里有血有肉的情景。由降低（最小）成本的角度，很容易掌握处理案情的方向。这意味着，降低成本是人们行为主要的驱动力，这个特质也会（也应该）反映在法学的思维里。传统法学教育里，也经常提到“法益”，可是，凭借的多半是论述者个人的经验或直觉。相形之下，经济学的成本效益，都是由真实世界具体现象归纳而出。成本效益的概念，可以解读诸多社会现象，同样的，也可以成为法学工具箱中的一种工具，有助于思索各种法学问题。

一言以蔽之，两岸的老虎伤人等，都是不幸的意外事件。往者已矣，对法律学者而言，则是活生生的教材，值得究其曲直，教育社会大众！

许霆事件

在中国大陆，许霆案广受瞩目，网络讨论以万千计。由经济分析和降低行为成本的角度着眼，其实脉络分明，一清二楚。

许霆案的情节简单，年轻人去提款，提款机吐出钞票而存款数目不变。诱惑之下，许霆前后领去十余万元现金，符合“金额特别巨大”的标准。逃亡不久被逮，初审判决：盗领金融机构巨额资金，据为己有，无期徒刑！判决合理与否，不妨稍稍评估一下：在许霆和金融机构这两者之间，由谁来防范这个不幸事件，成本较低？

许霆，不过是个倒霉的年轻人，在错误的时间，出现在错误的地方，禁不起诱惑，犯下意志不坚的错误。而且，每个人不妨自问：如果自己面对同样的情境，看到钞票不断吐出，而存款金额不变，有多少人能禁得住诱惑，把钞票完璧归赵，还给金融机构？另一方面，如果金融机构在计算机程序上，多设几道防护措施，自然可以避免这种情境出现。两相对照：一个是要千千万万的许霆，都能不受诱惑；一个是要金融机构调整计算机程序——哪一种比较容易，成本较低？

而且，更重要的是，如果这一次重判许霆，下一次再有类似的计算机失误出现时，另一个倒霉鬼（可能是你我）又可能受不住诱惑而犯错。这有点像天上掉下陨石，砸到谁，谁就倒霉。相反的，如果这次把主要责任归咎到金融机构，金融机构必然立刻调整计算机程序，避免再出现类似的失误。不只这家金融机构剑及履及，所有其他的金融机构也会风行草偃，立刻跟进。未来再出现许霆的机率，必然大幅降低。试问：对整个社会而言，哪一种处理比较好？

小结

美女与野兽案和许霆案，都是真实世界里有血有肉的情景。由降低（最小）成本的角度，很容易掌握处理案情的方向。这意味着，降低成本是人们行为主要的驱动力，这个特质也会（也应该）反映在法学的思维里。

传统法学教育里，也经常提到“法益”。可是，凭借的多半是论述者个人的经验或直觉。相形之下，经济学的成本效益，都是由真实世界具体现象归纳而出。成本效益的概念，可以解读诸多社会现象；同样的，也可以成为法学工具箱中的一种工具，有助于思索各种法学问题。

规则的逻辑

降低成本，是指引行为的主要驱动力。而结果之一，就是逐渐形成各种规则，对个人或群体而言，都是如此。因此，换个方向，由规则开始琢磨，也可以捕捉形成规则的主要因素。两个方向来回驰骋，可以增加对行为特质和规则的体会。

见猎不心喜

在职业或业余球赛里，无论篮球、足球、橄榄球、曲棍球等，都有一些耀眼的明星。足球界的贝克汉姆、C 罗和梅西等，广为人知。然而，较不令人注意的是，球队竞赛对阵时，已经发展出一些潜规则：你知我知，心照不宣，就是不恶意伤害对方的主要球员。可是，为什么呢？以下驷对上驷，设法让对方主将受伤离场，不是对自己很有利吗？

最直接的解释，想来合情合理：球是圆的，你伤害我的主要球员，我也会如法炮制，双方折损主将，何苦来哉。特别是，观众买票进场，可不愿意看到这种赤裸裸的血腥景象。然而，稍加思索，却可以触及水面下十分之九的冰山！

具体而言，激烈竞赛里，碰撞受伤是常态。然而，在球场上征战的老手都清楚，什么是“恶意犯规”。如果以恶意犯规伤害了对方的主要球员，等于是把球赛升级，改变了彼此互动的性质。一般情况下，双方球员的行为，都会自我约束，在行为的光谱上（图 2–1），集中在某一个区间之内。可是，如果其中一方恶意伤害对方主将，等于是挣脱了原先的区间，破坏了双方彼此的默契。这时候，球员动作开始野蛮粗暴，球赛的不确定性增加，不只是主将，所有球员受伤的机会，都明显增加。光谱上行为区间的扩充，对双方来说显然都不是好事。

同样的道理，交战国之间，彼此不暗杀对方的领袖，也有类似的考虑。有限战争突然升级为全面战争，对双方的代价都很昂贵。

交手几回合

规则的内容，涉及许多因素，其中很重要的一环，是彼此交往的次数和频率。这里介绍三个基本的观念，再稍作引申，和法律联结。

单回合交往（oneshot game）

如果双方的互动（交往、交易、交换）只有一次，就此别过，从此不相往来，那么，在互动的内容、形式、规则上，当然会巧妙地反映“单回合”的特性。

譬如，武汉是九省通衢，港埠的经济活动，很大比例是今天完成交易，明天已经到上游或下游。因此，在“这一次”的交易中，既要突显自己货品的优点，也要隐藏潜在的缺点；既要贬抑对方货品的优点，更要防范对方的缺漏。“上有九头鸟，下有湖北佬”，其实生动地反映了港埠文化下，“单回合”交易的特质。

还有，各个观光景点，卖的纪念品等，通常单价不特别高，而且质量触目可见。原因：便于一次性买卖。单价高昂，性质复杂的商品，不适合单回合交易。当然，单回合交易，也往往隐含信息不对称（asymmetric information），欺生哄骗的情节所在多有。青岛 38 元一只的天价虾，我无缘品尝，但是青岛 50 元一只的烧烤小小鲍鱼，我却有幸吞下好几只。味道确实特别，经验也特别难忘。

多回合交往（repeat game）

重复交往互动之下，信誉和品牌等，成为可能。而且，赊欠信用借贷等，也可以慢慢发展。

追根究底，多回合互动最重要的特质，是“奖惩”成为双方手中的工具（筹码）。这次你对我好，下次我也对你好（或更好一点点，或多赊一点账）；你的作为不上道，我也以其人之道送还其人。很多人眷念美好的旧时光，农村（渔港）小镇里民风纯朴，彼此守望相助。表面上看起来是道德良俗，其实本质上是多回合交往的特性使然。当今都会区里，彼此都住在公寓电梯大厦里，物理上的距离，比农村里更小。可是，重复交往的机会（和必要性）减少，自然互不干扰、各得其所。守望相助的功能，已经由保安和业务人员取代。

最后回合（last period game）

人之将死，其言也善（哀？）。最后一回合，表示没有明天，奖惩不再发挥作用，其中一方可能取巧——退伍退休前，很多老鸟老臣“躺着干”，原因在此。因此，另一方可能采取某些措施，以为因应。譬如，退休金额度的计算，加重退休前最后几年的业绩！

尾声

第二讲有两个重点：阐释经济分析基本架构的第二个环节——行为特质。把“降低成本”这个特质，和规则作一联结。主要的慧见（insight），两言以蔽之：**规则的出现，是为了降低个人自处以及人际互动的成本。规则的形成和内涵，受诸多力量雕塑，而彼此交往的次数和频率，是重要的决定因素。**

作业

问题 1：两国交战通常不暗杀对方元首，美国狙杀本·拉登又该如何解释？

参考分析：不狙杀敌国元首，通常存在于长期互动的国家或城邦之间。对于叛乱或未必持久的集团，因为彼此关系不一定持久，所以这个规则未必适用。这时候，其他的考虑（策略）可能占上风——譬如，擒贼先擒王！另一方面，美国狙杀本·拉登，主要是针对 911 恐怖袭击。纽约世贸大楼受攻击而崩塌，对美国民心士气带来巨大冲击。狙杀本·拉登似乎是一个振奋士气的好策略。然而，这个举动会使恐怖活动式微，或拉长战线，还有待时间来说明一切！

问题 2：浙江的钱塘潮，隔一段时间总有几人被卷进溺死，而且

几乎都是外地人，为什么？

参考分析：钱塘江里大潮的速度有多快，当地人知道，这是地域性信息（local knowledge）。可是，外地人只在媒体上看到，钱塘潮会夺命，但钱塘潮到底有多快，他们并不清楚。当身临钱塘边，不少外地人心想：浪潮还那么远，真的冲过来时，自己跑上岸就是了！可是，潮水的速度，超过他们的想象，慌乱之下，跌跤相撞走避不及，活生生地被浪潮卷走。对外地人而言，钱塘潮的危险，就像老虎一样，只是一种模糊的概念。

参考文献：

① Becker，Gary，*The Economic Theory of Human Behavior*，Chicago，IL：University of Chicago Press，1978.

② Gilles，Stephen G.，“Negligence，Strict Liability，and the Cheapest Cost-Avoider”，*Virginia Law Review*，78（6）：1291-1375，1992.

③ Rasmusen，Eric，*Law and Game Theory*，Cheltenham，UK：Edward Elgar Publishing Ltd，2007.

④ Robson，Arthur J.，“The Biological Basis of Economic Behavior”，*Journal of Economic Literature*，39（1）：11-33，2001.

第三讲　加总和均衡

宗旨

第三讲有两个重点：首先，阐释经济分析架构的第三个环节，也就是“加总”和“均衡”。其次，针对法律和法学，阐明这两个环节的意义。

加总和均衡：经济分析

经济分析的基本架构，可以简洁地表示为**“分析基本单位、行为特质，加总和均衡，变迁”**。加总（aggregation）和均衡（equilibrium），居于关键的地位。

加总

就经济活动而言，加总的概念很简单。一个书报摊里卖的报章杂志，只是这个书报摊的“个别供给”（individual supply）。上海市报章杂志的供给，是把所有书报摊、书店等的供给加在一起。全大陆的供给，就是把各地的供给量加在一起。由“个别”到“总量”，就是一个加总的过程。供给的对应，就是“需求”（demand）。由一个人的冷饮需求，到城市和国家，乃至于全球，也是由“个别需求”，通过加总而成为“市场需求”。供给和需求，就构成了市场的两股力量。

亚当·斯密的《国富论》，是探讨整个社会的经济活动。萨缪尔森的《经济学》，也遵循这个传统。在前半部分，探讨整个经济体系；在后半部分，才分析个别的消费者、厂商等。前半部的材料，主要是“宏观”（macro）现象；后半部的材料，通常称为“微观”（micro）。然而，随着经济学的发展，经济学者之间逐渐形成共识：宏观现象，是由微观行为加总而来。在理论的建构、发展和学科的介绍上，应该是先微观、再宏观。因此，自第14版（1992年）起，萨缪尔森的教材，也调整顺序，先介绍微观，再处理宏观。

这个小小的转折，看起来不起眼，却是方法论上重要的调整。要探讨整个体系的现象，先要由个别行为着手，只有掌握了微观的脉动，对宏观的探讨才有意义。这就是经济学里常提到的，宏观现象的微观基础（the micro foundation of macro phenomenon）。在其他学科里，也有类似的考虑。社会学里，对家庭、小区、宗教等的探讨，也隐含由小到大、由基本单位到群体，一个加总汇集的过程。在政治学里，政党和选举等，都是宏观层次的现象。这些宏观的现象，都有微观的基础，也都隐含一个加总的过程。

均衡

市场里，供给和需求互动（相会）之后，会逐渐达到一种稳定的状态，称为“均衡”。图 3–1a，呈现一个典型市场（譬如，冷饮的市场）里的供给和需求。供给（S）的特性：价格愈高，供应量愈大；需求（D）的特性：价格愈高，需求量愈少。D 和 S 相交的点（E），决定了这个市场里的价格和交易量。

抽象来看，“均衡”意味着两个特性：稳定和重复出现。冷饮的价格，通常不会像股价一样频繁波动（volatile）。图 3–1b，是把 D 和 S（市场）抽象化。社会现象，通常是由几个主要力量所支撑，

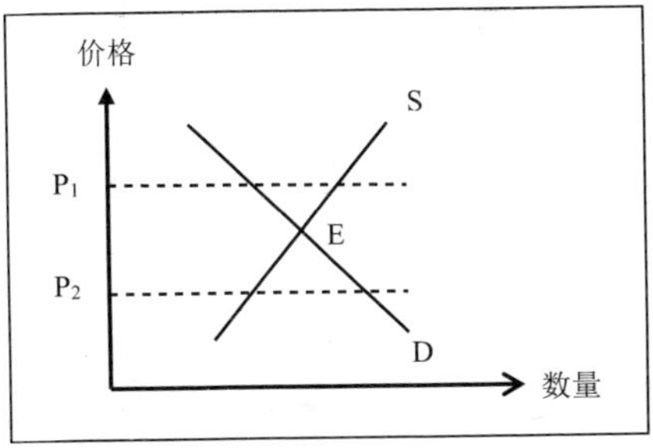

图 3–1a 供需均衡

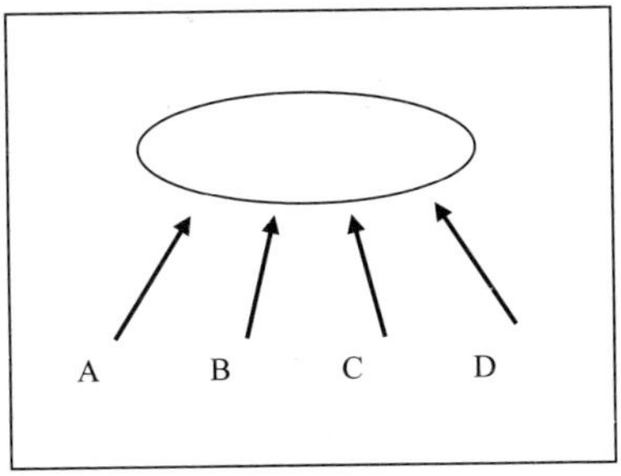

图 3–1b 抽象的均衡

在交互影响下，体系慢慢达到稳定、重复出现的状态，也就是均衡。

经济分析，也往往被称为**“均衡分析”**（equilibrium analysis）。因为，一方面，真实的世界，约略如此；另一方面，就分析而言，这是一个好的起点。如果市场一直处于变动不居的状态，经济学者将很难提炼出经济活动的规律性（regularity）。同样的，对于政治、社会和法律现象的分析，“均衡”这个概念也有很强的解释力。而且，图 3–1b，也透露出探讨社会现象的一种途径：对于眼前的社会现象，可以往下落一层，琢磨支撑这个社会现象的主要因素（major factors），到底是哪几个。而且，可以进一步追问：如果目前的状况（均衡）不理想，自己手中有没有足够的资源，足以改变主要因素中的一个或两个？

如果答案是否定的，就表示：现况虽然不理想，但改变的条件还不具备，现况还会延续下去。由此，也可以联结到另一个相关、有启发性的概念：**低度均衡（low equilibrium）**。例子：贫民窟、尖峰时期的塞车、法治不上轨道时的托关系送红包走后门，等等。“破窗理论”（The Broken Window Thesis）所描述的，也是一种低度均衡：小区里空置厂房的窗子，若被砸破一块，无人修补。那么，很快的，其他的窗户也会破损。最后，到处是破窗（垃圾、闯红灯、插队……）的状态，这就是不折不扣的低度均衡。

低度均衡的概念，也隐含对社会现象、公共事务的一种态度：**存在不一定合理，存在一定有原因**。对于不理想的状况，最好先了解结构性的因素，再检视手中所拥有的资源。否则，即兴式、想当然耳式的兴革，往往是五分钟热度、虎头蛇尾。甚至，短暂变化后的故态复萌，反而让低度均衡更为巩固。

加总和均衡：法学

在法学教育或法学论述里，几乎很少看到加总和均衡这两个词汇。然而，稍加阐释，这两个概念如同两盏镁光灯，可以照耀法学的某些角落。

加总

经济活动里的加总，是很单纯数量的总和。而在法学里，没有类似的情境。相对加总的阐释，最好由另外一个角度着眼。弗里德里希·奥古斯特·冯·哈耶克（Friedrich August von Hayek，1899–1992）曾以林间小径为例，阐明人际互动的特性：两村相隔，居民往来。在树林之间，有许多途径，但是最后却慢慢地走出一条明确可循的小径。这是“自然形成的秩序”（spontaneous order），无须政府或外力介入。

抽象来看，原始/初民社会的律法，也遵循同一种轨迹。群居生活，总有不可避免的摩擦纠纷、烧杀掳掠。如果不善后，生活秩序荡然混乱，对大家都不好。因此，虽然所处的自然条件不同，都会发展出适合本身的游戏规则。重要的是，林间小径是由众人累积而成，一旦形成，后人经过时的步履，等于是把小径踏得更为结实深厚。同样的，**初民社会的律法一旦孕育而成，每一次被援用施展，都有擦拭和加固的作用。**

也就是说，经济活动的加总，是 1+2+3……法学里的加总，是滴水穿石、添砖加瓦、蚌壳生珠、铁杵磨成绣花针一般，是一种沉淀累积的过程；是个别、片段、琐碎的行为，经过漫长时间的凝结固化，累加而成的结晶体。经济活动的加总，是同一个时间点上，横断面的相加；法学里的加总，是跨越时间、纵贯面上的累积。

均衡

林间小径一旦形成，日复一日，年复一年。稳定、重复出现，就是一种均衡。同样的，风俗习惯一旦形成，往往代代相传，是如假包换的"均衡"。

近二十年，美国法学界的热点之一，是对"规范"（norms）的探讨。《无法之序》（*Order without Law*）一书，广受瞩目，几乎已经成为经典。作者罗伯特·埃利克森（Robert Ellickson，1994）对美国加州地区实证研究，发现牧场之间，免不了有牛马越界之类的冲突摩擦。但是，一旦发生，邻里之间的处理方式，是当地你知我知，习惯或自然的做法，而不是法律所界定的游戏规则。

官方的法律，和民间的"法律"之间有落差，所在多有，中外皆然。根据民法，子女继承时，男女权利一样。然而，至少在相当长的一段时间里，民间所接受的是：只有男生（儿子）可以继承，女生象征性地分得一点点；长孙，也可以分得一份；长子，因为要供奉祖宗牌位，也多得一些；等等，不一而足。风俗习惯，是民间所遵循和支持的规范（游戏规则），代代相沿，就是一种均衡（稳定、重复出现）。由此也可见，“均衡”是一种中性的观念，本身不含价值判断。如果涉及臧否，会有额外的成分——譬如，低度均衡。

由均衡，可以联结到另外一个重要的概念：路径相依（或路径依赖，path dependent）。在目前这个时点（t_0）的位置，会影响到选择的可能性，也因而会影响到下一个时点（t_1）的位置。社会的演变，是一种缓慢、连续的过程，而（通常）不是跳跃、间断式的变化。即使是改朝换代的革命，思想观念和风俗习惯，也会延续蜕变，而不是戛然中止。

伊斯兰裔的美籍学者帖木儿·库兰（Timur Kuran）长期关注伊斯兰教世界的演变。他曾为文指出:《古兰经》里的教义（包括借贷不得收利息）一旦深植人心，世代相袭，会影响千百年后的经济发展。路径相依的概念，最早是由经济学者保罗·阿伦·戴维（Paul Allan David）所提出，以名为“Clio and the Economics of QWERTY”的文章，发表在 1985 年的《美国经济学论丛》(*The American Economic Review*) 上。他所引用的例子之一，是打字机的字母排序方式。一旦广为流传，路径相依，就不容易改变，即使后来有更合理有效率的排序方式。路径相依的概念，通过诺贝尔奖得主诺思的宣扬，广为人知，广受援引。

自然法的真谛

在华人文化里，法学传统通常包括法家、儒家、道家、墨家等。在西方文化里，法学传统必然包含“自然法”（Natural Law）。利用前面两节的内容，可以对自然法作平实深入的解读。

自然法：一说

西方文化传统里的自然法，可以由法学，也可以由哲学来解读。就法学而言，自然法的核心观念，大致如是：人们的心目中（脑海里），都有一些简单自明的道德（伦理）观念，经由理性的思辨（reason），可以掌握这些理念和原则，并且成为法律的基础。

自哲王柏拉图以降，历代的哲学家，对自然法的精神，不断地作出阐释。然而，精髓所在，却一脉相承：道德原则简单自明，是普世价值，通过理性思辨，可以捕捉。而且，自然法是人们的“心中之法”，和真实世界的法律（positive law），未必一致。自然法的神韵，可以借着文天祥的《正气歌》来表达：“天地有正气，杂然赋流形。下则为河岳，上则为日星。于人曰浩然，沛乎塞苍冥。”自然法的传统，正气凛然，掷地有声，成为西方法学思潮不可缺的成分，可以说是有以致之。

自然法：再谈

哈耶克“林间小径”的故事，事实上为自然法提供了第二种阐释。“自然形成的秩序”，隐含着一种没有外力干预，自发，经过尝试错误（trial and error），慢慢凝结稳固的过程。

这个过程和隐含的逻辑，也呼应了原始 / 初民社会的律法。因此，**自然法，除了“心中之法”的解释外，也可以由“自然形成之法”来阐释**。虽然都是“自然”，但是前后两者显然着重不同。西方文化中的自然法，强调道德理念，强调普世价值，也强调亘古长青。相形之下，初民社会“自然形成”游戏规则，强调的是自然而然的过程、没有外力干预和因地制宜的多样性。

一言以蔽之，西方文化的自然法（Natural Law），是大写的 N 开头，庄严神圣；第二种解释的自然法（natural law），是小写的 n 开始，平实自然。

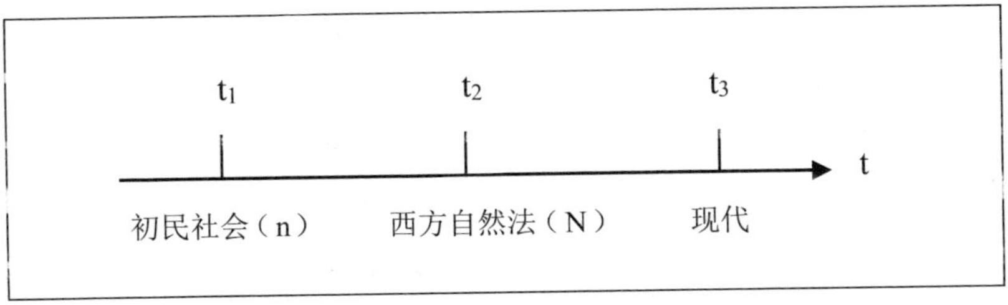

图 3-2　自然法

引申

对于“自然法”所涉及的问题，还可以作进一步的引申。首先，图 3–2 里借着时间轴，呈现了两种自然法的相对位置。就出现的先后而言，初民社会里自然而然地发展出各种律法，这是自然法（n）；由哲学家（不是初民）提出的自然法学说（N），不过是最近两三千年的事。

其次，西方文化中的自然法，是哲人智者由反思中发展而来。他们出生时，已经有各式各样的法律和道德。因此，凭借想象和省思，他们“认定”道德是普世价值，并且据以论述。这是一种想当然耳式的论述，对于道德的性质和由来，道德和法律之间的关系等问题，他们所依恃的是自我省察和反思，而不是拿证据来式的论证。

再次，一旦“认定”道德是普世价值，对于三个关键问题，等于是避而不谈：社会现象（包括道德）“是什么”？“为什么”会出现？未来“将如何”？相形之下，对初民社会律法所作的解释，清清楚楚，像画连环画一样，呈现了对三个问题的响应：是什么？初民社会的律法，“是”一种工具。为什么？“因为”有冲突纠纷，所以要善后，要有彼此共存共荣的游戏规则。将如何？随着主客观环境的变化，律法（和道德）将与时俱进。发挥的功能容或不同，但是“工具”的本质却始终如一。

最后，就理论的完整性而言，哲人雅士所发展的“自然法”（N）理论，可以说只是不完整的半个理论。能追本溯源，对初民社会律法提出解释，才是完整的理论。

尾声

这一讲的重点，先解释经济分析架构的第三个环节：加总和均衡，而后，把这两个概念，和法学/法律建立联结。同时，也介绍了衍生的两个概念："低度均衡"和"路径相依"。接着，利用这些分析性概念，解释西方法学传统里自然法的思维。并且，运用经济分析，对初民/原始社会的律法，作对照式的解读。自然法的真谛如何，最好由读者自己来判断。判断理论高下的尺度之一，自然（没有其他隐喻或反讽）是解释力的强弱！

作业

问题1：华人社会（大陆、台湾、香港、澳门），普遍很重视"关系"。"关系"是否也是一种均衡？主要的支持条件是什么？

参考分析："关系"有润滑剂的功能，可以化不可能为可能，当然有正面的功能。然而，"有关系就没关系，没关系就有关系"。没有关系的人吃瘪，表示筛选或竞争未必公平。因此，关系是一把双刃剑，利弊掺杂。

就华人社会而言，法治程度愈高的地方（如香港），关系的重要性愈低。因此，挣脱低度均衡的途径之一，就是加快经济发展。社会资源充沛之后，才可能追求其他更高层次（支持条件更复杂困难）的价值，包括法治和民主。

问题 2：由哲学家或社会科学研究者提出的法学理论，何者较有说服力？为什么？

参考分析：哲学家和社会科学研究者，涵盖很广，个别差异很大。而且，两个学科探讨处理的问题，并不一致。道德和哲学，都是法学传统中重要的成分。不过，针对法学而言，道德哲学的态度，或许可以表述为："先了解道德，再了解法律。"相形之下，社会科学（特别是经济学）的态度，可以精确地表述为："先了解社会，再了解法律。"道德哲学，是把道德当作理论的前提或出发点；社会科学，则是把道德看成社会现象的一部分，本身需要有合情合理的解读。

参考文献

① De Soto，Hernando，*The Mystery of Capital：Why Capitalism Triumphsin the West and Fails Everywhere Else*，Cambridge，MA：Harvard University Press，2000.

② Ellickson Robert，*Order without Law-How Neighbors Settle*

Disputes, Cambridge, MA：Harvard University Press, 1994.

③ Heller, Michael A., “The Tragedy of the Anticommons：Property in the Transition from Marx to Markets, ”*Harvard Law Review*, 111（3）：621-688, 1998.

④ Olson, Mancur, *The Logic of Collective Action*, Cambridge, MA：Harvard University Press, 1971.

第四讲　变迁

主旨

这一讲的重点，有两个：第一，经济分析基本架构的第四个环节，变迁；第二，变迁和法学的联结。

著名经济思想史学者罗伯特·路易斯·海尔布伦纳（Robert Louis Heilbroner）曾描述：人类历史可以划分为三个阶段，最早的阶段里，人们思维相对简单，没有“未来”的概念。第二个阶段，已经意料到，太阳明天还是会升起，可是，春夏秋冬、物换星移，未来只是过去和现在的重复。第三个阶段，工业革命（1776年）之后，社会快速变化。人们清楚地意识到，未来的社会，将和现在及过去不同。而且，未来会变得更好。

未来是否会更好，或许有争议。但是，变迁已经是常态，甚至成为社会脉动的主旋律，却是不争的事实。

变迁：经济分析

基本的分析架构，是“基本单位、行为特质，加总和均衡，变迁”。如果只有前三者，分析将是不完整的理论，所描述的故事，也将是部分的情节而已。

流程

变迁，本身就隐含时间，以及一个过程。借着图 4–1，可以清楚地呈现变迁的重要内容。这个结构，是由一本经典里撷取，作者是美国社会学会会长、重要社会学者詹姆斯 · 塞缪尔 · 科尔曼（James Samuel Coleman）。图 4–1 的左方，分为两个层次：宏观和微观。上方，分为三个时点，t_0、t_1、t_2 分别表示时间流程中，三个不同的阶段（回合）。很明显的，阶段可长可短，短则三两个月，长则以世纪或千年计。

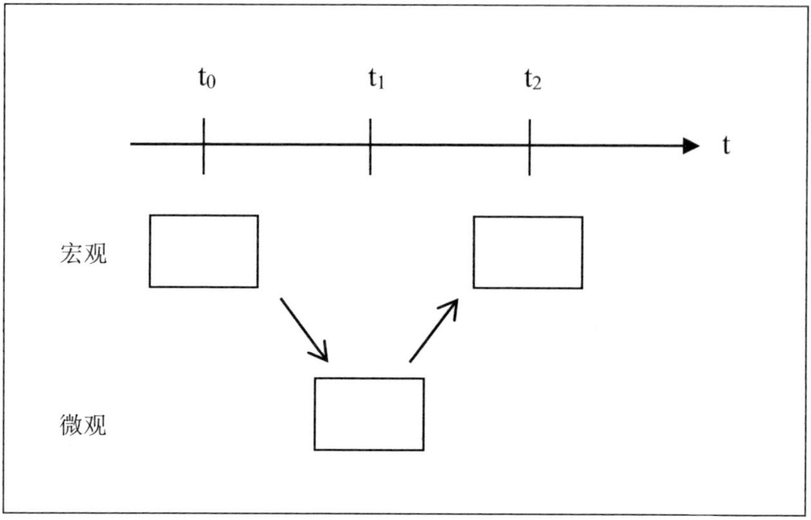

图 4–1　社会变迁

变迁的故事，可以约略描述如下：在 t_0 这个时点上，社会（宏观）的层次已经累积了各种典章制度、风俗习惯、思维观念等。这些现存的条件，影响了人们（微观层次）在 t_1 这个阶段的行为。经过互动加总汇集，又影响了整个社会在 t_2 的典章制度等。由宏观到微观，再由微观到宏观，这个过程反复循环，社会慢慢蜕变演化。

这个图形，还可以稍加阐释。社会的典章制度，是慢慢形成，蜕变的过程，也通常是渐进式的（incremental change）。速度可能像冰河移动般，每年只有两三厘米。另一方面，典章制度可以分成正式的法律规章和非正式的风俗习惯等。即使革命政变，带来正式制度的遽变，譬如改朝换代。然而，风俗习惯思想观念，不可能旦夕之间说变就变。清朝结束之后，还有很多人坚持留着辫子，可为佐证！

三段论

利用图 4–1，对变迁还可以有另外一种描述的方式。一个体系，在 t_0 这个时点上处于均衡的状态，稳定、重复出现。然后，由于内在或外在的冲击（shock），打破了原有的均衡。经过一段时间的调整，在 t_2 这个时点上，又达到新的均衡。因此，这是一个“均衡——变迁——均衡”的过程。

根据这种描述，探讨的重点有几个：第一，原先的、旧的均衡，和新的均衡之间，各有什么特质，有哪些差异？第二，变化的种子，又是由何而来？第三，变迁的过程，又有哪些特质。针对第二点，可以先稍作发挥。

打破原有均衡、促成变化的，通常有两种可能：外来冲击（external shock），或内在因素（internal factor）。外来冲击的例子，不可胜数，譬如：麦当劳和肯德基登陆之后，改变了餐饮业的生态，在经营方式、质量管理、餐饮空间等方面，都带来明显的变化。又譬如：意大利蜂被引进大陆之后，中华蜂的生存空间，受到挤压。两者之间和平相处、共存共荣的新均衡，还没有达成。

内在的因素，可以用“企业家”（entrepreneur）这个概念描述。与原来的均衡状态相比，企业家是指以新的理念、作风，带来变化的可能性。新的做法萌芽后，可能茁壮扩展，成为体系的一部分。当然，新的做法也可能昙花一现，很快地成为过眼烟云。《世界是平的》（*The World is Flat*）这本书里，作者托马斯·弗里德曼描述：随着因特网的发展，很多“企业家”摸索出新的商业模式，逐渐成为常态。譬如，通过因特网，印度的大学生，担任美国中小学生的数学家教；美国公司的会计业务，由境外人士处理；在台北打电话向麦当劳点餐，接线的服务生是在上海，等等。此外，《罗辑思维》公众号，短短几年之间，订户已经突破千万。通过微信（WeChat），“每天一分钟”，提供信息，附带推销书籍等相关产品，是2010年前后才出现的新生事物。

在二十一世纪初，因特网还在蓬勃发展，无论是人际交往，商业活动，等等，都还有巨大的潜能，等待各种企业家一展身手。连稳重保守的司法体系，也不会置身事外——2015年12月中，河南的一些法院，已经开始利用微信“群聊”的方式，“开庭”处理某些业务！

法学和变迁

法学论述里，经常有关于社会变迁的词句：“社会日新月异，法律应该与时俱进。”然而，如何处理变迁，工具箱里援引哪些概念来分析，却似乎只得到很有限的关注。在这一讲里，可以针对两种案例，尝试联结法学和变迁这两者。

因果关系

如果我到夜市的大排档吃夜宵，喝了两瓶青岛啤酒，站起来略有摇晃，不小心碰了旁边的人一下。他一个踉跄，手中的茶壶落地粉碎。如果他表明，茶壶是出自名家之手，一把值百万元人民币，我是否该负起赔偿的责任？

由因果关系上看，我撞他，明确具体，毫无疑问。可是，至少有两点考虑，我无须承担所有的赔偿责任：第一，他把名贵茶壶带到夜市，是把“不寻常的风险”带到人群之中。第二，最小防范成本：他可以把壶放在盒子里，有防护软垫。因此，虽然是我导致茶壶毁损，却未必要承担全部的赔偿责任。也就是，在“肇事责任”这个概念里，**“肇事”和“责任”可以切划开来，而未必一定要合而为一。**

同样的道理，在“国民车撞豪车”的案例里，我撞了豪车，交警鉴定是我的疏失，这是“肇事”的部分。在“责任”的部分，也可以有类似的考虑。目前（2017 年）主流的法学见解，是根据交通责任鉴定，肇事者要赔偿豪车的损失。如果肇事者确实无法负担（家境不佳等），可以在运行时间上弹性处理。

然而，根据前面的分析，在国民车（烂车）撞豪车的案例里，“肇事责任”也可以切割成两部分：“肇事”部分，是指对交通事故的解读。“责任”部分，是指赔偿善后的认定。随着豪车和超级豪车的出现，“肇事”和“责任”分开处理，更符合情理：一方面，一般汽车驾驶人，只面对和承担有限的风险，而不是豪车这种天外陨石般的风险。另一方面，豪车的拥有者，对于社会正常作息，带来不寻常的风险，当然应该承担某种责任。

抽象来看，由“国民车撞豪车”的案例里，可以体会到社会变迁对法学的影响。当新生事物不断涌现时，法学理论、概念和解释，都必须面对考验。社会的变迁，也可以（或应该）带来法律/法学的变迁。

价值冲突

社会变迁，意味着人们的价值观也会慢慢地变化（回想图4–1）。由价值观的变化，也可以衬托出法律的重要意义之一：法律，未必是追求公平正义，而主要是处理价值的冲突。

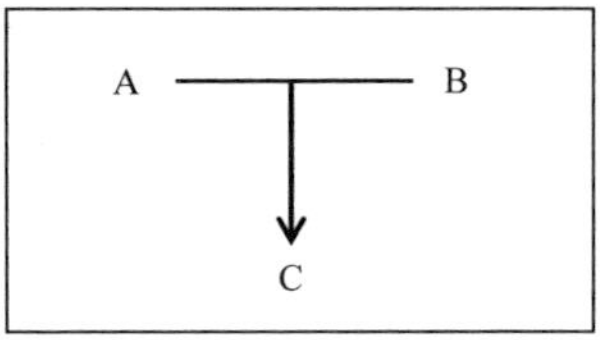

图 4–2a 亲子关系

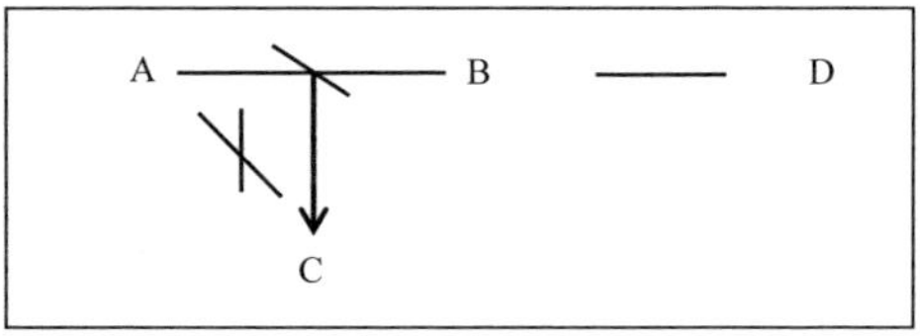

图 4–2b 亲子鉴定

图4–2a，呈现了故事的前半部。缘起，是A和B相恋成婚，生了小孩C。图4–2b，呈现了故事的后半段。成婚生子后，两人不合，决定离婚。离婚后，A（男方）对B付赡养费，而且，基于亲子关系，A要对小孩C付教育和生活费用等。A享有探视权，和C保持父子（女）关系。

然而，A 慢慢觉得 C 不像是自己的孩子，无论是长相或性情。因此，把毛发送做 DNA 检验，发现确实不是自己所生。在有些案例里，A 发现，小孩其实是前妻 B 和前男友 D 所生。在更特别的案例里，B 和 D 结婚，再续前缘。既然孩子不是自己所生，A 向法院递交申请，希望终止亲子关系，同时停止继续付养育教育等费用。在华人社会里，在二十一世纪初，我曾在多个场合里，征询数百位法官、检察官的意见，绝大多数（90% 以上）都认为，既然不是 A 所生，理当终止。

然而，至少在美国，面对这种案件，法院的判决前后一致：A 要继续付钱，即使有 DNA 的检验结果。美国法院的立场，可以由两个角度解读：第一，以小朋友的最佳利益为利益！面对父亲 A 和孩子 C 的权益冲突，选择后者，宁愿让父亲（大人）受委屈，也不会伤害小朋友。第二，DNA 的技术，界定了**“生物上”的亲子关系**，相对的，幼时朝夕相处，孕育的是**“文化上”的亲子关系**。有哪一种理论学说可以表明，前者一定比后者重要？

特别是，即使在华人社会里，支持前者（生物上的亲子）是目前的主流价值；随着社会的发展，物换星移，半个世纪之后，支持后者（文化上的亲子）的比例是否可能明显上升？社会变迁，不只反映在物质条件上，思维理念和价值取向，也会缓慢蜕变。当价值观变化之后，法律也会自然而然地滞后反应！而且，更重要的是，亲子鉴定案例所反映的，法律的主要功能，未必是追求公平正义——有谁能论断，支持生物上的亲子关系、就是符合公平正义的？相对的，这些案例正巧妙地反映了法律的主要功能，是在处理价值冲突。在不同的价值之间（文化 / 生物，父亲利益 /

孩子利益，真相 / 其他考虑），社会做出选择，并且承担（好或不好的）结果！

“生物上”的父亲和“文化上”的父亲，是两种不同的价值，真相的价值和子女的福祉，也是两种不同的价值。一旦以子女的最佳利益为参考坐标，后者的价值可能高于前者（DNA 带来的真相）。

捕捉变迁

在观念上，（旧）均衡——（内外在）冲击——变迁——（新）均衡，是一个简单明确的过程。然而，无论是对经济分析或法学而言，要捕捉变迁的过程，并不容易。而且，在变迁的过程中，如何面对具体的问题，更是棘手难缠。就法学问题而言，也许有两点体会，可以作为思索参考的坐标。

首先，“追根究底，立基于事实”。譬如，“天赋人权”的观点，无论中外，是法学里许多论述的起点。然而，这种观点，只是信念（belief），而非事实（fact）。两点理由足以阐明：第一，“天”，不是行为的主体，没有意志力，更无从“赋予”权利。第二，“天赋人权”的理念和实质内涵，都是由“人”来阐述论证的。因此，实际上，是“人赋人权”，而不是“天赋人权”。“人赋人权”，就是立基于事实。在变迁的过程里，各种价值彼此冲撞，权利经常重组调整，新的权利也衍生不断。这时候，“信念”往往左支右绌，左右不逢源，追根究底，找到问题的源头，让事实作为论述的起点，往往更有说服力。

其次，“捍卫核心，调整边缘”。这个立场可以再以天赋人权为例。几个世纪以来，天赋人权的理念广为人知，而且，哲学和法学界，都已经发展出一些理论，作为法律架构的基础。譬如，根据天赋人权，“基本人权”的理论和建构，就显得自然而然，水到渠成。即使天赋人权的理念有争议，基本人权的做法已经深植人心，成为普世价值。由天赋人权转变为人赋人权，要经历一个过程。立基于人赋人权，基本人权的某些部分可能要随之调整，然而，在这个过程里，基本人权的结构、具体的法律，还是能有效运作。

因此，在变迁的过程里，扎实稳健的核心部分，可以坚守不懈。外围的部分，可以逐渐弃守，让变迁的过程，顺势展开。各种力量竞争较劲，再慢慢调整雕塑出新的核心。变迁的过程，也就像是结晶体溶解，凝结，再结晶的过程。

结论

就经济学的分析架构而言，“变迁”是不可或缺的一个环节。然而，和“均衡”这个环节相比，变迁的特质和规律性却较难掌握。

在社会学和法学里，变迁也有着重要的地位。但是，学科特性使然，也没有类似“一般理论”（a general theory）似的理论结晶。这一讲里，尝试归纳出几个体会：

科尔曼的架构——“宏观—微观—宏观”（t_0–t_1–t_2）——有助于了解宏观和微观之间的互动。

三段式的流程——“均衡—冲击—均衡”——有助于掌握变迁的基本特质。

企业家，以新的思维做法，带来变化的可能性。

对法学而言，变迁（新生事物）意味着，既有法学概念要重新检验。随着豪车的出现，“肇事责任”的概念，可以切划为两部分：“肇事”和“责任”。

变迁也意味着，价值结构和体系，可能要重新排序。生物上的亲子关系，可能渐渐让位于文化上的亲子关系。

法律的作用，未必是追求公平正义，而主要是处理价值冲突。

社会变迁过程中，对法学疑难问题的处理，最好是追根究底，诉诸事实，而非信念。

面对社会变迁，处理法学疑难问题，可以采取兼容并蓄的态度：捍卫核心价值，外围概念松绑。

在二十一世纪初，因特网给人际互动、商业活动等，都带来巨大的冲击。社会变迁的脚步，明显而且速度加快。对于法学和经济学而言，探讨变迁将是重要的功课。

作业

问题 1：如何界定“豪车”，有明确的边界吗？

参考分析：这是一个技术性的问题，但也有些许智识上的兴味。有两点可以提出：第一，对于幅员辽阔的国度，当然最好是因地制宜；由适当的立法单位，决定当地的标准为何。第二，无论具体的标准为何，总是一种人为设定的尺度；因此，某种程度的任意性（arbitrary）必然存在。

譬如，上海地区，豪车的标准可能为市价500万元人民币。撞上四五百万元的车子，怎么办？一方面，就像法定二十几岁成年，也是一种人为、次佳（second best）的设计。另一方面，对于“次豪车”，可以采取级距、阶梯式的差别待遇！

问题 2：“文化上的父亲”和“生物上的父亲”，是两个不同的概念；这种区分有意义吗？为什么？

参考分析：在传统社会里，文化上的父亲和生物上的父亲，是合而为一的。在现代社会里，绝大多数的情形依然如此。然而，现代社会复杂的程度，远胜于往昔。文化上的父亲，未必就是生物上的父亲。在某些比较特殊的情形下，这种区分不但有意义，而且重要。

让证据说话：同性恋夫妻或同性伴侣，只要符合领养的条件，也可以领养子女。这时候，没有生物上的血缘关系，但是文化上的伦常，依然重要无比。还有，父母年纪大时，子女有照养的义务，见诸法律。然而，在《民法》修订的过程里，已经归纳出一些例外：在子女年幼时，父母如果没有尽到养育的责任，当父母年纪大时，子女也没有对应的责任。这里的父母子女，指的都是生物上的伦常，然而，如果没有文化上的伦常为内涵，生物上伦常的实质意义非常有限！

参考文献：

① Coleman，James，*Foundations of Social Theory*，Cambridge，MA：The Belknap Press，1990.

② Diamond，Jared，*Collapse*：*How Societies Choose to Failor Succeed*，NewYork：Viking Press，2005.

③ Friedman，Thomas L.，*The World is Flat*，New York：Picador，2007.

④ Heilbroner，Robert L.，*Visions of the Future*，New York：Oxford University Press，1995.

第五讲　借刀杀人，刀当何罪？
——案例分析（一）

主旨

这一讲的主旨有两点：**借着实际的案例，琢磨相关的法学理念；联结法理和案例，而不是法律（法条）和案例。**

实证法学的路径，是“先了解社会，再了解法律”。案例分析的作用，并不冲突，但重点稍微不同——通过案例，捕捉法学思维。两者的共同点，都是“由真实世界，到抽象理论”。

借刀杀人，刀当何罪？

一位富商被绑架，在受威胁下，勒毙一无辜女子。绑匪全程录像后，让富商自由、回家筹赎款一亿元。富商报警，一举擒获绑匪同伙。

毫无疑问，绑匪涉及一连串的罪名：掳人勒赎、恐吓、教唆杀人等。但是，富商呢？受胁迫下致人于死，是否有罪？或者，身不由己，在特殊情况下，适用“紧急避险”可以免责？这不是教科书或试卷的模拟题，而是真实世界里的情节。司法如何处理，即使不能面面俱到，勉勉强强也能差强人意？

哈佛大学名师桑德尔，在公开课《公正》里提到：面对抉择时，一般人有两种思维模式。根据信念，对就是对，错就是错，这是**规范式思维**（categorical reasoning）。另外一种，根据结果取舍，有好的结果就做，反之就不做，这是**结果式思维**（consequentialist reasoning）。桑德尔举的例子，也十分扣人心弦：要不要由桥上，把身边的胖子推下去挡住火车（！），救铁轨上的五个人？

然而，在富商被迫杀人的案例里，桑德尔的划分却帮助有限。原因很简单：根据规范式思维或结果式思维，都不容易判断富商到底有罪或无罪较好！深刻一点的解读，可以体会真正的曲折所在：无论是规范式还是结果式思维，都不会凭空出现，这是人类长期演化过程中，基于生存和繁衍的考验，逐渐孕育而出的特质。面对日常生活的绝大多数情况，粗略的类别（好坏对错、是非善恶等）足以因应。对于复杂或涉及道德两难的情境，这些简单粗略的分类就派不上用场。

道德哲学有时而穷，怎么办？也许，摸着石头过河的务实态度，是能抓老鼠的好猫……

具体而言，富商被迫杀人，可以切割成两部分，然后分别处理。首先，是“杀人”的部分。现代文明社会里，除了合法的任务（战争、执行死刑）之外，“杀人是不对的”已经成为普世价值。因此，富商杀人，违反了文明社会众议佥同的尺度，行为逾矩，应当惩罚。而且，这么做除了符合一般人的价值观之外，更重要的，是让富商有机会洗涤心灵，重新开始，重新做人。

每个人可以自问：即使在被逼迫的情形下，把另外一个活生生的人勒毙，难道心里过得去、晚上睡得着觉吗？因此，在“杀人”这部分，处罚富商，让他有机会为自己的罪过付出代价，是帮了他。惩罚过后，他能够面对自己，也能够面对别人。否则，因为“紧急避险”而无罪开释，即使法律上无罪，难道他心里能不带罪愆，持平度日？其次，是“被迫”的部分。在暴力胁迫下举止，富商本身就是受害者，如果再加处分，等于是无辜被折磨凌虐两次。人同此心，心同此理：设身处地，谁没有同情怜悯的情怀。因此，值得特别处理。

最后，是把“杀人”和“被迫”放在一起，同时考虑：被迫杀人有罪，但是判缓刑，让富商可以继续从事生产性活动，有益于社会。同时，让富商承担民事责任，优厚赔偿无辜丧生女子的家人。一言以蔽之，这种处理，不是各打五十大板。而是在面对不幸事件善后时，尽可能降低损害程度，缩小波及的范围。

借刀杀人，刀的责任，当然要看刀的角色如何。在这个案例里，刀的处境还相对简单。试想：如果绑匪先绑了某人，再把他恨之入骨的宿敌死对头绑来，而后，要他动手行凶，再录像勒索。这时候，借刀杀人的主角，到底是绑匪还是被绑者，谁又是刀，恐怕就不是三言两语所能道尽了！

虽鸟事，必有可观者也

透过网络，大千世界的多姿多彩，不断地更新，也不断地出人意料。最先映入眼帘的，是“大学生掏鸟出售，判刑十年”，因为，掏的鸟是隼，国家保护动物。网民哗然，罪何至于此？接着，进一步揭露消息：大学生不是初犯，2014年在网络上兜售的消息被翻出。然后，更多的讯息出现：贩卖国家保护动植物，很多国家的刑罚，最重也不过二至三年。

在更多的信息陆续浮现之前，在目前这个时点上，不妨稍稍琢磨：就事论事，就法论法，可以萃取哪些人生的智慧？

平心而论，这件事的关键，在于“罪”和“罚”这两个环节。猎取和兜售国家保护动物，是“罪”的部分，而判处十年，是“罚”的部分。国家保护动物，大致符合两个条件：珍贵而濒临灭绝。可是，这只是抽象的概念，一件事物的意义，是由其他事物所衬托而出。为了“珍贵”的物种，值得动用多少的资源呢？

关于这个问题，美国经济学者罗伯特·约瑟夫·巴罗（Robert Joseph Barro）所收集的资料，倒是有借鉴之处。根据他所收集的资料，美国各级政府花在国家保护生物的经费排名，前五名如下：美国秃鹰、斑点猫头鹰、佛罗里达灌丛鸟、海牛、红冠啄木鸟。而且，在554种国家保护动物里，花费最多的前十名，占了总经费的54%。可是，这十种动物，其实都不在“濒临灭绝”的范围之内。预算这么编，经费这么用，主要是反映了美国民众的偏好。老百姓喜欢秃鹰，因为代表美国精神，是总统座机空军一号的标志等，所以砸下大笔的经费。

由此可见，生物上的价值（濒临绝种），是一种排序（ordering），民众心理上的好恶，是另一种排序。这两种之间，未必一致，也未必有明确的高下。经费和法律上的取舍，往往遵循不同的逻辑。大学生所犯的“罪”，是根据法律（也就是生物）上的排序，对于排序容或有不同的见解，但是争议不大。

比较麻烦的，是“罪”的部分。处罚的方式和内容，由原始/初民社会以降，就不是简单的问题。最极端的惩罚，是诛九族。处决个人，有五马分尸、凌迟处死、斩、绞、电椅、枪决、注射等做法。这些，都是惩罚排序的极端，其余是无期徒刑、有期徒刑、拘役、罚金等。有趣的是，追根究底，多重的惩罚合宜，并不容易回答。法学界的大佬和小佬们，不妨借机启迪民智：为什么结伙掳人勒赎，要剥夺生命？为什么偷窃财物，是徒刑5年以下？

《刑法》看似严谨，其实还是有相当的任意性（arbitrary）。惩罚的界定，往往是采取“插入法”：某某，看起来比十年轻、比两年重的罪刑，就“认定”值得惩罚五年。至于为什么不是四年或六年，最好不要打破砂锅问到底！然而，随着社会的发展，“罚”的内容和方式也有诸多变化。对于白领犯罪（譬如，金融诈欺），有些国家的处分：周一到周五，可以照常工作，周末，再到牢里“休息”。既保留了生产力，也发挥了惩罚的作用。

对于掏鸟贩卖的年轻人，不妨“考虑”两阶段的惩罚：第一阶段，参考高度文明的新加坡（国民年均所得55000美元，促成习马会），先鞭笞数下。然后勒令工作，限制活动范围，几年之后考核，是否再动鞭子。当然，这只是建议，重点不在鞭刑，而在于“两阶段惩罚”：尽可能不要伤害生产力，尽可能活用警示观察的手段。

无论如何，对于这件事，古有明训：虽鸟事，必有可观者也，究其精微，善莫大焉！

法律的点线面及其他

除了在课堂里教大学生和研究生之外，我偶尔也受邀到培训单位客串，教法官和检察官等法律界人士。时间一久，略有薄名，有些司法机构，在安排培训课程时，会指定我讲授“法律的经济思维”。

面对站在第一线的司法专业人士，讨论实际案例是主要的内容。除了我介绍的中外官司之外，隔三差五也会碰上一些他们正在处理的疑难杂症。对我而言，这是硬碰硬的考验，饶有智识上的趣味。

不久前，课间休息时一位检察官问我，他们手上有一个案例，开了几次检委会，一直不能决定，该用什么罪名提起公诉。其实，案情并不复杂：一对年轻夫妻不睦，常争吵怄气。后来，先生罹病而逝。男方家属很不平，带着棍棒到家里，把家具等打砸一气。然而，在过程中发现了一些金银细软，就强行带走。女主人报警，而且聘了律师，希望检察官能以“抢劫罪”起诉亡夫的亲友。抢劫是重罪，一旦成立至少要判好几年。那么，以“抢劫罪”起诉，适合不适合呢？

也许，学科间视角不同，在某些问题上特别明显。以我（经济学）的背景来看，这个问题并不特别困难。当初，刑法专家们在商议刑法的各个条文时，脑海里少不了有一些“标准情境”。在设想“抢劫罪”时，可能是月黑风高的拦路者，也可能是白昼亮家伙“要钱要命”的狠角色。但是，绝对不会是亲戚之间，因为泄愤、见财临时起意的作为。因此，用“侵占”或“抢夺”，可能要比用“抢劫”更贴近这个家庭纠纷的原委。我的回应，似乎稍有帮助。没想到，最近听到另一件官司，又让我产生类似的联想……

一对年轻夫妻，彼此商量后，合作卖淫。男的当中介和马夫，女的出卖肉体。这是极其特别的组合，但是并不是绝无仅有的个案。公安逮人之后，面对难题：女的卖淫，相对简单明确。可是，男的呢？如果以“中介卖淫”处理，一旦罪名成立，刑期可以达5年以上。相对的，如果以“共同卖淫”处理，拘役15天/劳役罚锾。5年和15天，可是不小的差距。关键所在，就是“配偶”能不能算是“中介”？

对于这个案例，和前面“亲属间抢劫”的难题一样，有一个明确的切入点。在研拟刑法的“中介他人卖淫罪”时，“标准情况”大致是凭借暴力威吓或其他手段，逼迫女子卖身。中介卖良为娼，使弱女子受到心理和肉体的双重剥削。因此，重判5年，杀鸡儆猴。然而，夫妻共同卖淫，女的并没有受到肉体和心理上的剥削。精神和心理上可能有的冲突挣扎，适合小说戏剧细细剖析，但是，那不是法律所要处理的空间。先生的“中介”是事实，但是和刑法制定时所设想的“中介”，显然大相径庭。

由这两个案例中，还可以提炼出两点重要的启示：首先，一件事物的意义，是由其他事物衬托而出，在想法学（律）问题时，不妨先试着找一个有意义的参考坐标，对照之下，容易彰显问题较完整的面貌。其次，台湾“最高行政法院”知名法官帅嘉宝的智慧结晶：法律，只是一个点。而真实世界的案例，往往涉及一条线，一个平面，或一个主体。如何由生硬的法律条文联结到丰富多样的大千世界，必然先要对社会现象有深入的了解！

“家属抢劫”和“夫妻卖淫”，是真实世界的两滴小水珠，如何挥洒，确实是对法学界工具箱里武器配备的考验！

琢磨理论

针对前面三个案例，可以更具体地勾勒出所涉及的理论和相关的概念。

借刀杀人：价值冲突

在借刀杀人的案例里，棘手在于“刀”的部分。被掳的富商，一方面受到胁迫，受了委屈，本身是受害者。但是，另一方面，在胁迫之下，他勒毙了无辜的人，对被勒毙的人而言，他是不折不扣的“凶手”。

法律（以及社会）对他的处置，就要斟酌他的这两种身份。两种身份意味着：两种不同的价值，而且方向相反，彼此抵触。对于这种疑难杂症、特殊案件（hard cases），通常两种价值都要考虑。两种价值的主从和轻重，当然要看相关的条件——恶魔藏在细节里！

鸟事：惩罚

这个案例里，年轻人的“罪行”不是重点，值得思索的，是惩罚的部分。前面特别指出两点：第一，原始/初民社会，处罚往往和罪行呼应：以眼还眼，杀人偿命。这种“应报”（retribution）的逻辑，看似原始，但操作简单。意外发生时，保险的理赔，也有类似的观念——损失填补原则！

第二，对于罪刑和罪犯，处置的方式有很大的空间，着重所在，也各有不同。譬如：刑事政策的主要目标，是让犯人为自己的罪行，付出应付的代价，或者，是让犯人尽快回到社会，回到常轨？

抢劫和卖淫：参考坐标

在抢劫和夫妻共同卖淫这两个案例里，以构成要件来思索，“抢劫”和“中介卖淫”都符合法学的“三段论”。大陆法系里，这是正统而标准的思维方式，参考坐标，就是法律条文，以及甲说乙说等阐释。

相形之下，前面提出另外一个参考坐标：制定刑法时，典型的抢劫和典型的中介卖淫，是何种场景？显而易见的，不会是家人亲属间的纠葛，也不会是夫妻联手卖淫。在考虑个案时，特别是疑难杂症时，这两个参考坐标都值得援引琢磨。抽象来看，多打几盏镁光灯，更能烘托出案件的全貌！

尾声

对于实际案例，有几个明确的参考坐标可以援引；由不同的参考坐标衬托，往往可能捕捉案例不同的重点。而后，兼视而明，可以有比较完整平实的掌握。重要的参考坐标，包括：第一，法律条文；第二，立法意旨（初衷）；第三，在原始社会，将如何处置？第四，富裕社会，司法资源充沛，将如何处置？

在往下的各讲里，将有阶段性的、类似的案例分析。让实际和理论结合，也让法学（教育）生动活泼、生猛自然。

作业

问题 1：借刀杀人案中，针对“杀人”的部分，富商和掳人这伙人，谁的责任较重？为什么？

参考分析：表面上看，直接动手的是富商；另外那群人没有动手，最多是教唆。然而，儿点考虑，值得斟酌：首先，在自由意志下，富商不会去杀人。在自由意志下，同伙目标明确，就是要致人于死，作为勒索富商的筹码。其次，造成生命丧失的主导因素，是同伙，而不是富商。再次，在一般情形下，“杀人”的解读，是直接动手。虽然，在这个案例中，直接动手的富商，只是在受胁迫下被动地执行杀人的意旨，真正杀人的，其实是同伙。因此，在承担杀人的刑事责任上，同伙要大于富商。

由这个特殊案例也可以看出，对于法律条文，直接作字面上的解释，是一般情况。可是，在比较特别的情形下，就值得走出字面，探索事件较完整的意义。根据字面，是原则；特殊情况，是例外。原则和例外并存，并不冲突。

问题 2：在夫妻共同卖淫中，若不适用“中介”他人卖淫，似乎隐含着纵容鼓励的味道？对于维系家庭伦常，似乎是开倒车？

参考分析：刑法对“中介”他人卖淫重罚，主要是希望遏止以暴力胁迫或毒品控制，逼良为娼。夫妻之间合作，显然不是这种情形。因此，女性的身心，并没有受到伤害。而且，这个法条所处理的，本来就和家庭伦常无关。极少数特殊情形，似乎还没有严重到要恪守条文、一视同仁。

另一方面，维系家庭（夫妻）伦常，主要是受其他因素影响，而不是由法律主导。譬如，子女会不会探视父母，受很多因素影响；因为法条规定，而增加探视父母的子女，可能很有限。而且，即使符合探视父母的形式要件，实质内涵如何，难道法律也能帮得上忙?

参考文献

① Barro, Robert, *Getting in Right: Markets and Choices in a Free Society*, Cambridge, MA: The MIT Press, 1996.

② Cheung, Steven, "Fables of the Bees: An Economic Investigation", *Journal of Law & Economics*, 16 (1): 11-33, 1973.

③ Hsiung, Bingyuan, "Benchmarks and Economic Analysis", *Review of Law and Economics*, 5 (1): 75-99, 2009.

④ Posner, Richard, *Law and Literature*, Cambridge, MA: Harvard University Press, 2009.

第二篇　法律的由来

法律的形成和变迁，也是社会现象之一。对于法律的基础，传统法学多是立基于道德哲学。相形之下，社会科学追本溯源，由初民/原始社会开始，描述法律的出现、性质以及道德的功能。第二篇的意义，是在第一篇的基础之上，建构“实证法学”（A Positive Theory of Law）。

第六讲　原始社会的律法

宗旨

第六讲有两个重点：第一，描述原始 / 初民社会的律法；第二，借古喻今，阐明在法学上的意义。第一个重点，是把第三讲里描述的故事，再工笔细致一些。第二个重点，希望阐明法律（和权利）的缘由，对法律知其然，也知其所以然。

在内容的安排上，先介绍理查德· 艾伦· 波斯纳（Richard Allen Posner）的两篇论文。而后，重点描述，另一本探讨初民社会律法的著作。最后，提出整合性的分析。

回到从前

顾名思义，波斯纳的这篇文章（A Theory of Primitive Society），是对原始/初民社会，提出一种理论上的解读。这种论述方式，呼应了“先了解社会，再了解法律”的第一步。这篇文章内容晓白直叙，然而在方法论上，有很多深刻的意义，值得强调。当然，这些阐释，未必是作者本意，作者也可能没有体会到。重要的是，经由这些阐释，是不是对这篇文章，以及对法律和法律经济学有新的认识。

第一，以原始/初民社会为主题，提供了一个明确的参考坐标（reference point）。在经济学里，有很多知名的参考坐标：完全竞争市场、鲁滨孙的世界（后来加上星期五）等；在社会科学里，马克斯·韦伯（Max Weber）理想型（ideal types）的概念，也广为人知。这些概念（或设想的情境），你知我知，在真实世界里未必存在。但是，因为结构简单，容易掌握关键特质。所以，容易众议佥同，作为思索和探讨的起点，也就是作为衬托对照的依据。

第二，原始/初民社会里，无论是物理条件还是人文条件，都相对简单，因此，在作分析和推论时，容易辨认出关键的主导因素。用经济学的术语来描述：对于原始/初民社会呈现的“均衡”，容易往下落一层，掌握支持均衡的主要条件因素（major factors）。譬如，因为群居（安全考虑），彼此相邻，而且，房舍所用的材料简陋，隔音效果不佳，邻人彼此言语小心，不会道人长短，免得身家性命有三长两短。香港城市大学程海东教授，是著名的材料物理学者，现在（2017 年）是澳门大学副校长。他曾表示，想写一本书，书名就是《物质材料与人类文明》——由人们使用材料的变化，阐释人类文明的演进。波斯纳笔下的原始社会，刚好呼应程海东的想法。因此，原始 / 初民社会，提供了一个简单、生动，但活泼而又鲜明的画面，有助于掌握各种因果关系。无论在教学和分析推论上，都有相当的帮助。

第三，原始社会里，没有手机和网络，但是，人际相处时基本的摩擦（烧杀掳掠、诈欺抢骗等），当然一个不少。因此，日积月累，为了生存，必然会发展出一些善后除弊的工具，否则社会将无以为继。原始社会里，没有法官警察，也（可能）没有民法、刑法之分，但是，基本的原理原则，已经存在。在面对当代法律问题时，不妨由情节中心抽象化，而后自问：如果这种事发生在原始社会，大概会怎么处理？这么思索，往往能揣摩出着力点，作为进一步分析探讨的起点。或者，借着衬托，可以体会到，如果发生在原始社会，将会处理哪些核心的部分。而且，法学里经常出现“以辞害意”的情境，基于一个有问题的前提，作出违反事情常理的解释，结果是错上加错。譬如，保险法里，往往认定“保险以填补损失为原则”，然后认定生命损失无从填补，所以人身保险不适用被保险的规定。因此，以辞害意，往往就和刀笔之吏、见树不见林等连在一起！可是，只要回到原始社会，重新检验，通常就可以抓住重点，看清究竟，避免“以辞害意”的缺失。

第四，最重要的一点，探讨法学，最好“先了解社会，再了解法律”。掌握了原始社会的特色之后，就很容易体会原始社会的律法。在逻辑上，这是比较严谨完整的论述；在事实上，这是人类演化的真实过程。而且，在教学上，无论是民法、刑法还是诉讼法，以原始社会为题材，很容易就展现各个部门法的主要脉动所在。

也许，当初波斯纳以原始社会为主题，只是想牛刀小试，琢磨一下经济分析的说服力。然而，他福至心灵的挥洒，却不经意地提供了一个生动活泼、简单明确的参考坐标。对于研习法律，原始社会确实是一个很好的起点！

道理浅中求

波斯纳的这篇论文（An Economic Theory of Primitive Law）和上一篇，分开来看，各有各的价值。然而，放在一起，价值大幅上升，典型的一加一大于二！

首先，就内容来看，主要有两个重点：原始社会的律法，以及由经济分析角度提出的阐释。第一部分是素材，是人类学家的贡献；第二部分的解释，是经济学者的贡献——如果波斯纳没有接触经济分析，很难想象会有这篇论文、有这种解释！

其次，**整篇文章的主旋律，其实就是围绕一个重点：节约成本**。在资源匮乏的原始社会里，最好以低成本的方式操作司法、实现正义。因此，降低成本是一切行为和制度（游戏规则）的主要驱动力（the major driving force）。在另外一篇论文里，波斯纳提到：大概到十六（？）世纪时，冰岛才出现了处理公众事务的“公务员”，而且是兼职。原因很简单：初民社会，事务简单，不需要全职公务员，而且，各自要面对大自然考验，维持生存，没有多余的资源养活专职公务员。由成本的角度，原始社会律法的脉络，一清二楚！

再次，众所周知，法律可以分为实体和程序。无论是实体还是程序，节约成本（cost reduction）的斧凿，都清晰可辨。就程序而言，精致严谨的程序，要耗费资源，是奢侈品，原始社会里，只能负荷必需品。因此，认定因果关系和执行上，都以最简单、直接、不拖泥带水的方式来处理。譬如，现代社会里，处理“故意”和“过失”，会有不同的方式。然而，要区分这两者，可能要耗费心力时间。两者一视同仁，成本较低，也就是原始社会所采纳的方式！同样的，在实体方面，不会有十分精致的划分，几个大原则，就足以应付绝大部分的问题。譬如，以牙还牙，血债血还。

又其次，律法（游戏规则）的形成，本身就是一个漫长的过程。因此，虽然是初民社会，“多回合”的概念已经镶嵌在诸多规则里。譬如，亲友族人的连带责任，必然要通过多回合交往互动而实现。伤害族人之一，就是伤害了全族，全族的人都会采取报复！借着连带责任，希望更有效地发挥奖和惩的功能。当然，既然是连带责任，也就可能会有“别人惹事，自己分担责任”，人人都会体会到，对个人而言，其中有微妙的不公平不合理。然而，利弊掺杂（a mixed bag）之下，连带责任成为选项。也就是，种种律法的内容，都反映了某种取舍（trade-off）：个人和群体、短期和长期、精致和粗糙，等等。

由方法论的角度，这篇文章自然而然地传递出一个重要的讯息：社会现象容或有许多不同的样貌（configurations），但是背后的解释，很可能只是几个主要的概念。掌握好的分析架构，就可以一以贯之，以简驭繁！还有，拉开距离看，这篇文章比上一篇更清楚：原始社会的律法，是一种工具性的安排，具有功能性的内涵。面对主客观条件的束缚，初民社会里的人们，经过尝试错误，发展出一套差强人意的游戏规则，不完美、不精致、不重视个人尊严，然而在当时的条件下，是一种限制条件下有效率（constrained efficient）的做法。因此，由经济分析（特别是成本）的角度着眼，容易掌握原始社会律法的脉络。

对于研习法律而言，原始社会的律法还有额外的特色。当代社会里，无论体制如何，政府总是存在。因此，很多对法律的解释，就以政府存在为前提："法律，就是政府展现公权力……"可是，原始社会里，处理烧杀掳掠的，难道不是"法律"吗？"以辞害意"的情形又出现，"原始社会的不是法律，是规则"！这种扭曲，对于分析方法伤害特别大：明明可以以简驭繁、一以贯之，结果繁文缛节，模糊了焦点。

原始社会，没有政府，但是长老会议和成人会议，还是具有公权力。公权力的形成、内容等，不是上苍和神祇的教诲，而是人们逐渐雕塑而成，是**"自然形成的秩序"**。自然形成，意味着毋庸外而求也，可以自给自足，在探讨社会典章制度时，这是重要的体会。

相对于现代社会盘根错节的结构，原始社会简单明确。原始社会的律法，也简单明确，反映了当时的自然条件和人文条件，也反映了当时主要的影响因素（dominant factors）。原始社会没有朴素古拙之美，却有粗鲁率直的特质。最重要的，是一个好的参考坐标，道理浅中求，这是张五常的名言之一。

原始社会的律法

波斯纳笔下的原始社会，本身也可以看成是一个精心描绘的参考坐标。由人类学者著作中，可以知道世界各地的初民社会，有各自所面对的自然条件，因此发展出各有特色、着重不同的法律。然而，在波氏两文中，基本上抹去地域性差别，而是以一种综合（integrated version）或代表性特质（stylized facts），作为描述和阐释的材料。

相比之下，爱德华·亚当森·霍贝尔（Edward Adamson Hoebel）的这本书（*The Law of Primitive Man*），描绘五个初民社会的律法：在吕宋原始社会中，争执发生时，“中间人”的地位重要，财产（土地、水权）也非常重要。相形之下，对爱斯基摩人，土地和相关权利并不是非常重要。北美印第安人有很多族群，也发展出各自的律法，由英法等殖民国家取得枪械后，开始以猎捕野牛为主，对身外之物不特别重视。夏安族的指挥体系，分为平时和战时，后者包括围捕野牛时，对违规者（躁进或无心犯错），执法人员可以杀其马、鞭其人、砸其枪，而后，首领立即善后，把多的枪马分给违规者，继续围捕。特色：尽可能不伤害生产力，惩罚是有限度的，而且立刻恢复战斗力。执法者的身份，是功能性和临时性的，一旦行动结束，一切回到平时。

新几内亚群岛附近的初民社会，不同村落的人冲突时，会竞相背大量番薯到邻村空地，展现自己的诚意和实力。发展出这种仪式性做法，当初的情境已经很难捉摸，也没有必要勉强解释。人类学家要记录收集材料，社会科学研究者（理论上）只要能有效解释其中一部分即可。巫法巫术，是面对诸多不可知、无法掌握的环境时，自然而然发展出的世界观，不能以“理”解之，就以“神奇”视之。是自求多福的方式之一，也是工具性的安排，也有功能，但是误差变异较大！

由五个不同的初民社会，可以得到重要启示：游戏规则和自然环境（生活形态）密切相关，逐水草（狩猎）而居的部落，需要不同的规则，相较于从事农耕为生的部落。法律是演化而来，基础在于人类社会的实际经验，而不在于道德哲学。原始社会，部落之间的纷争，往往由个人而起，而扩及整体。部落之间有很强的动力，希望尽快抚平冲突，继续和平共存。因此，应报（retribution）是重要的游戏规则，行为的因果。应报，显然是充填“正义”的重要内涵，却不等同于正义。可见得，正义是逐渐发展出的概念，而应报和正义都是工具性的安排，发挥了功能性的内涵。

《原始社会律法》的最后一章，希望引申：由原始社会的律法，归纳出一些原则，可以推演到国际间。作者霍贝尔认为，国际间似乎就处于原始初民状态，做了一些想当然耳、纯情式的推论，说服力有限。

引申

无论是在波斯纳还是霍贝尔的论述里，都没有特别处理道德（morality）。原因其实很简单，在原始/初民社会，道德和法律是合而为一的，法律就是道德，道德就是法律。两者都隐含奖惩，而主要的功能，都是维持游戏规则，彼此共存共荣。合而为一的理由，也显而易见：支持和操作一种工具，成本低。只能当资源丰饶，有余裕之后，才可能运用两种工具。初民社会里，只能支持粗糙的正义（raw justice），当条件充沛之后，才可能支持精致的正义（refined justice）。**原始社会里，只有必需品，没有奢侈品。**

当然，日常生活中，道德无所不在，因此，由个人的价值（道德），延伸到整体，也是自然的扩充。或者，换一种描述的方式，“道德”本来就是从各种社会所演化出的游戏规则。哲学家只是用理论加以体系化而已，是由下而上，最后忘其基础的过程。亦即，社会依恃道德，如社会依恃宗教和法律。而华人文化中，却只有道德；法律和道德几乎合而为一，且法律为政治服务，没有独自发挥的空间。道德的空间大，排斥其他的工具。

西方法学发展，走上自然法和道德哲学，有点像华人以儒家为治国原则一样，忘了原始社会的发展，以哲学家解读为依据。在历史中的某一个阶段，不知不觉地，或认为是一种提升，接受了道德哲学，放弃了实证基础。对历史的解释亦然，已经发生的事无法重建，针对一些较没有争议的“史实”，希望提出较完整、彼此支撑的解释。增添对过去的理解，对于当下和未来，未必有直接的关联。同样的材料，一直在炒同样的菜！

作业

问题 1：刘邦入关中，约法三章："杀人者，死；伤人及盗，抵罪。"如何解读？

参考分析：刘邦入关中时的三章约法："杀人者，死；伤人及盗，抵罪。"巧妙地呼应了初民社会的律法。社会在大乱初定时，要以简洁（成本低）的方式操作法律！

大乱初定，人心思治。资源有限，与其精致周到，不如粗糙明快。因此，约法三章里，只有实体法，而没有程序法。实体法是必需品，程序法是奢侈品。而且，由政权的角度着眼，恢复社会秩序的重要性，远远超过维护个人权益。在华人历史里，最后这个特点一直成立！

联想：2015 年，浙江绍兴地区乡间，一户人家治丧，邻人发挥守望相助传统，过来帮忙。其中一邻居为商人，用小货车送来饮料食物时，不小心擦撞正在处理挽联的另一邻居，邻居翻落山涧身亡，邻里间的不幸扩大。对于这个意外，身亡者、送货者、原丧家，各该承担多少责任？对于法律和风俗习惯的分野，又有什么启示？

问题 2：原始社会和丛林法则，彼此呼应吗？为什么？

参考分析：丛林社会的特征，一般认为有两点：无政府或公权力，人际之间如一盘散沙。在这种情境里，通常会是“实力界定权利”（Might makes Right）——或者，力量决定是非！常被隐喻的例子，是越南沦亡后，难民船上的状况。

然而，即使是拳头大小决定声音的大小，只要经过一段时间的相处，还是会形成一种均衡，生死与共（Live and let live）！拳头太过嚣张的人，晚上不会睡得安稳。原始社会，主要的特质是：资源有限，所以负荷不了昂贵的工具。游戏规则（律法）的特质是：明快简捷，过得去、差强人意即可！

参考文献

① Briggs，Jean L.，*Never in Anger*，Cambridge，MA：Harvard University Press，1971.

② Hoebel，E. Adamson，*The Law of Primitive Man*，Cambridge，1st edition，MA：Harvard University Press，1954.

③ Ostrom，Elinor，*Governing the Commons：The Evolution of Institutions for Collective Action*，Cambridge，UK：Cambridge University Press，1990.

④ Posner，Richard，*The Economics of Justice*，Cambridge，MA：Harvard University Press，1983.

第七讲　罪与罚

宗旨

这一讲的主旨有两点：一方面，追根究底，厘清罪与罚的本质；另一方面，把罪与罚和法律作一联结。论述的角度，当然都是由经济分析着眼。

打破樊篱

在英美习惯法里，除了刑法之外，通常分成三大部门：财产法（property law），契约法（contract law）和侵权法（tort law）。经过长时间的发展，这三个领域的范围和边界，逐渐形成众议佥同的习惯——“习惯法”的精神。然而，波斯纳教授却慧眼独具，提出令人眼睛一亮的观点。他认为，这三个部门法之间，其实彼此相通。一个财产法的官司，可以经由适当的阐释和包装，转换为契约法或侵权法里的案件；反之，亦然。在智识上，波氏的论点很有启发性，个中原因也值得琢磨。

然而，把场景拉远一点，波氏的论点其实理所当然。试想，在原始 / 初民社会里，不可避免有着各式纠纷，众人也发展出因应善后的措施。当然，原始 / 初民社会里，不会有闲情逸致，把纠纷区隔为财产、侵权和契约。而且，这个观点可以再往前延伸一步：在原始 / 初民社会里，纠纷冲突就是麻烦是非，需要处理，要抚平波折，社会恢复正常。因此，不但财产、契约和侵权的区分杳无踪影，“刑法”和“民法”的划分也不存在——至少在某一个阶段里，不会如此区分。这意味着，**在最早的群居社会里，只会先发展出简单的概念**。社会发展和逐渐复杂，资源充沛之后，才会逐渐孕育出较精致细微的概念。

在古老的初民社会里，“罪”与“罚”的概念大概是最早成形的。那么，追索到极致，这两个概念的核心意义，到底何在？

罪

“罪”这个字眼，是由很多概念所充填。其中的曲折，值得稍稍琢磨。首先，罪意味着，有人（或动物、事、物等）受了伤害，相对于原先的状态，情况变得比较不好。其次，“伤害”有很多种，物质心理、轻重大小。譬如，中年丧偶、老年丧子，是锥心之痛。男女交往，热恋后分手，是刻骨铭心的痛。然而，即使伤害很重，未必被划入“法律”所要处理的罪。相形之下，借别人 1000 美元不还，伤害有限，却是法律所要处理的“罪”。再次，对于“罪”，要经过某种过程的认定，无论粗糙与否。还有，法律所处理的“罪”，必须具有某种程度的客观性，能被（相关的）执法者所辨认。最后一点，在原始 / 初民社会，“罪”与“罚”之间，往往关系密切。“以牙还牙、以眼还眼”和“杀人、偿命”，都是罪和罚直接对应的例子。

大陆法系里，对于“罪”的认定，往往参考两个指标：**主观恶性是否重大，社会危害性是否重大**。如果同时符合这两点，罪责重大，也就应该重罚。然而，这两个指标，本身已经隐含了价值判断：行为者主观上的“恶”和行为在客观上的“危害性”。至于什么是“恶”和“危害性”，基本上并不处理。

由经济分析的角度，可以利用“外部性”（externality）这个概念一以贯之。简单地表示，外部性就是指一个人的行为，对其他人造成的影响。既然是对他人的影响，必然是主观的感受，如果众人都有类似的感受，经由汇总和交集，主观就具有某种客观性。既然是影响，当然可正可负，“罪”所指的，就是行为对他人造成负的、大的外部性。而且，即使是大的和负的外部性，法律也只处理其中的一部分——让人心碎的爱情，法律通常不处理！因此，“罪”和法律变成连体婴，法律所认定的违规行为，是罪行；法律不涵盖的行为，即使有很大的负外部性，即使违反道德戒律，但不是法律所认定的狭隘的“罪”。“罪刑法定主义”，巧妙地联结了罪和法律这两者。

随着都市化的发展、经济活动的扩充，人际互动和过去截然不同。法律的功能，主要是维持一套游戏规则，使人们能自由自在地交往交易。法律的作用，不再是追求公平正义，而主要是处理多元价值间的冲突。过去惩罚罪行以“除弊”的考虑，已经渐渐地被“兴利”的考虑所取代。譬如，高速公路处罚超速、重罚酒驾，股市处分内线交易、人为操纵股价等，与其说是除奸惩凶，不如说重点在于维持正常秩序，人则各得其所、共存共荣。

二十一世纪初，传统的打砸抢杀的案件，已经在刑案中逐渐减少比重，代之而起的，主要是金融和经济犯罪。由外部性以及“除弊以兴利”的角度，更容易体会处理金融和经济犯罪的意义及目标所在！

罚

对于罪行的惩处，就是“罪”与“罚”的后者。历来哲学家（法律学者）的共识，“罚”通常隐含几个条件。第一，执行处罚的，是具有某种权威的主体，含意：就法律而言，私刑和家法，算不算得上是“罚”，有争议。第二，对被处罚的人而言，“惩罚”之后，必然是带来福祉下降。第三，被处分的原因，一定是和当事人（被处分者）的行为有关。第四，当事人对于违规的行为，应该承担某种责任，含意：如果纯粹是意外，可能善后需要赔偿，但当事人本身不一定被惩罚。

至于惩处的原因，根据历来的讨论，可以简单列举如次。第一，遏止和预防（deterrence，prevention）；借着处罚，可以产生示范效果，避免未来类似的犯行。连坐和诛九族的做法，是传统政权展示维持纲纪的做法之一。除了避免当事人亲属再有犯刑外，主要是杀鸡以儆社会上所有的猴和鸡。第二，教育（rehabilitation）；借着惩处，希望对当事人产生教化改过的效果，能重新做人、重回社会。第三，孤立和维和（incapacitation，societal protection）；借着处罚，让当事人无从再犯（譬如，对小偷砍掉双手）。而且，犯人在监狱里，保护了社会上其他的成员。第四，报应（retribution）；是初民社会以来，最原始的逻辑：罪有应得，以眼还眼。第五，宣示效果（denunciation）；借着惩罚罪刑，对社会大众展现是非分际。而且，处分罪犯，隐含着道德上的谴责，可以宣泄民众义愤情绪，有助于社会正常运作。

处罚的方式，用"族繁不及备载"来形容，差堪比拟。就当事人而言，宫刑、斩刑、肢刑、化学去势、电击、拘禁、处决、充军，等等。罚金、财产没收，等等，是附加的处分。除此之外，还有家人连坐、诛九族等，都涉及了当事人之外的个体。

罪与罚：申论

关于罪与罚，还可以进一步探讨，厘清观念并且深入引申。

在一般人的生活里，罪和罚的概念也屡见不鲜。譬如，“招待不周，罪过罪过，罚酒三杯”“迟到太久，罚你喝西北风”等。但是，在法律的范围里，罪和罚的意义比较狭隘。就源头而言，罪和罚的概念当然要追溯到原始 / 初民社会。人际相处不可避免的摩擦，导致烧杀掳掠、偷抢夺盗，是必须处理的外部性。因此，自然而然的，发展出对罪的认定、对罚的约定以及相关的程序。

毫无疑问，在原始 / 初民社会物质匮乏的条件下，只有必需品，没有奢侈品，没有专业的司法人员，一切从简。也就是，只有实体法而不会有程序法。专业的司法人员、刑事（民事）诉讼法、部门法等，都是资源充沛之后的事。

在漫长的演变过程里，罪和罚的内涵，也经过一再的调整和变化。但是，无论形式和内容（程序和实体）如何，最后都是**“权力权重下的共识”（power-weighted consensus）**——以当时的权力结构，结果没有争议，是共识！在皇权时代，这也意味着，基于本身政权的考虑，可能会采取极端、罪与罚不成比例的举措。譬如，文字狱诗词贾祸，株连九族！由外部性的角度着眼，任何对皇权有潜在威胁的举止，都值得重惩重罚。随着社会的发展，罪和罚之间的关系愈来愈直接密切，而且符合常情常理，也符合社会的主流价值。譬如，婚外情过去由刑法处理，现在多以民法；同性恋过去是罪恶，慢慢地合法化，等等，都反映了外部性大小轻重的变化，会带来罪与罚的调整。

社会发展，资源愈来愈充沛，在罪与罚方面有几点趋势，可以揣摩一下。首先，罪行的内涵，由武变文。传统打砸抢杀慢慢减少，金融诈骗白领案件逐渐增加。其次，惩罚愈来愈文明，死刑会慢慢消失。冬天宠物猫狗都有冬天衣服饰品，人同此心，何必剥夺人的性命。终身监禁不得假释，可能是未来大势所趋。再次，应报的思维慢慢褪去，社会对罪犯的态度逐渐宽容，不再以恶人视之，而是怜悯走错了路。因此，以社会的力量，让罪犯也能过有尊严的日子。

最后，“罪”与“罚”这两个概念，并不是凭空出现，也不是单独存在。关系最紧密的概念，无疑是“正义”。借着罪与罚的措施，实现了正义的身影，通过对正义的追求，可以充填罪与罚的各种内容。随着社会的发展，改变了罪与罚的各个成分，连带的“正义”的内涵，也值得检验蜕变。毕竟，无论是罪与罚还是正义，本身都不是目的。罪与罚和正义，是人类所孕育发展出的概念，是一种工具性的安排，具有功能性的内涵。“罪”与“罚”真正的作用，还是借着除弊兴利，增添人们的福祉！

尾声

罪和罚，是人类社会一直存在的老问题。对于这两者，千百年来哲学家、政治学者、法学界已有连篇累牍的讨论。由经济学的角度，可以稍稍提出几点新意：外部性，是以中性的立场阐明“罪”的本质。当（负的）外部性减少，罪的成分也降低。资源充沛之后，操作罚的机制愈益精致，而且，应报的成分下降，对于罪犯也会设法维持尊严。最后，正义和罪与罚，都是工具性的概念，内涵与时俱进！

作业

问题 1：在许多社会里，都有“重利”罪。这个罪行，主要是着眼于除弊，还是兴利？为什么？

参考分析：关于“重利”的做法，现代文明社会普遍认定是非法。法学教育里的解释，常常是：乘人之危，违反公平正义。其实，对于重利非法的原委，还可以作较精致完整的解释。

重利，通常就是高利贷，以（远）高于市场行情的利息，提供资金给需求者。这种做法不好，乘人之危是明显的理由。譬如，沙漠里车子用完汽油，路过的车子以高于市场十数倍的价钱卖油解围，即使当时勉强同意，事后也可以拒绝履行。这种情形，有一点像是“紧急避险”的反面——特殊情况下，容许采取某些自救避难的措施。

更深刻的理由，是重利对双方都容易诱发逾矩的行为。因为重利，一旦偿还有问题，提供资金的人得不到司法济助，往往诉诸暴力胁迫恐吓等手段。另一方面，借钱的一方，有高利的资金可以运用，往往涉入高风险或投机性浓厚的作为。结果往往是，报酬未必实现，却要付高利息，或者利上滚利，小问题变成大问题。所以，禁止重利，等于是借助司法的力量，在源头上遏阻双方，不值得、不可以、不应该采取风险过高的行为。换一种描述的方式，就是：社会（包括司法体系），不希望面对重利所诱发的行为以及重利所造成的后遗症（烂摊子），因此预为之计，认定非法——即使是双方自愿，即使有“私法自治”的理念。一言以蔽之，对于“重利违法”，可以不从公平正义出发，而是着眼于“重利”带来的后果。

问题 2：关于罪和罚，和成本这个重要观念有关吗？

参考分析：就“罪”而言，太小的外部性，不值得用“罚”处理，成本不划算。大的外部性，也可能成本太高而不处理，如令人伤心、怨偶的家务事。就“罪”而言，程序的精致与否，要看资源是否充沛，自然是成本问题。罪的内容（监禁、感化、教育），也要看主流价值是否支持相关的花费。

一言以蔽之，罪与罚的形式和内容，都和资源的多少有关。正义刻度的高下，要看社会愿意负荷多少的成本！

参考文献

① Becker，Gary，*The Economic Approach to Human Behavior*，Chicago，IL：University of Chicago Press，1978.

② Kan，Steven S.，“Corporal Punishments and Optimal Incapacitation”，*Journal of Legal Studies*，25（1）：121-130，1996.

③ Owen, David G., ed., *Philosophical Foundations of Tort Law*, Oxford : Oxford University Press, 1995.

④ Posner, Richard, *The Problems of Jurisprudence*, Cambridge, MA : Harvard University Press, 1990.

第八讲　刻画道德

宗旨

这一讲的主旨有两点：一方面，剖析道德的方方面面；另一方面，阐明道德和法律的关联以及今后可能的走向。

道德的身影

道德，是人类文明的一部分。关于道德的探讨，古往今来不知有多少。站在前人的足迹里和肩膀上，希望能看得更为透彻。

对于道德，可以先用一个具体事例，描绘和捕捉身影的一面。众所周知，华人文化的诸多特质里，“孝”是很重要的一环。百善以孝为先，反映孝的地位。然而，华人文化为什么会发展出这个特质，却鲜少受到重视。其实，原因很简单，一点就明。历史上，华人社会主要以务农为主，家庭是重要的经济组织，无论是生产、消费、储蓄、保险，都依赖跨代组成的大家庭。而且，传统社会里，没有退休制度，也没有社会福利制度，因此，老年赡养的问题，也多半由家庭来承担。可是，如何能确保，子女愿意承欢膝下、颐养天年呢？子女小时，父母提携抚育；父母老时，子女反哺回报。本质上看，这是一种**“跨时交换”**（inter-temporal exchange），只要世世代代，在子女年幼时，脑海里灌输“孝”的概念，就能圆满解决跨时交换**“履约”**（enforcement）的问题。

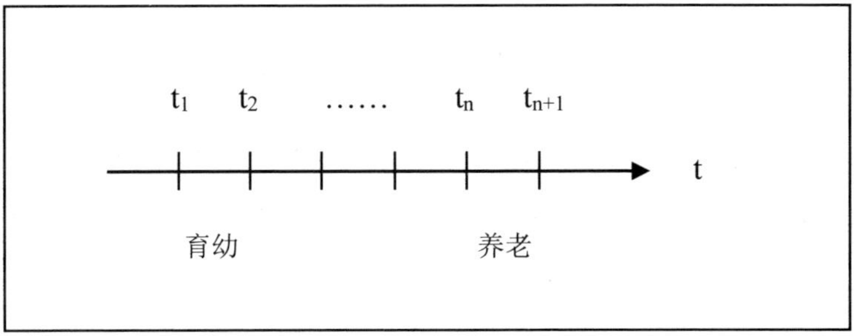

图 8-1　跨时交换和履约

而且，除了“孝”这个概念之外，还有其他的辅助性配套措施：如果子女做了对不起父母的事，不符合父母的期望，等等，通常心里会不自觉地有深厚的罪恶感。在人际关系上，亲戚朋友是外圈，手足之情是内圈，子女和父母，则是核心部分，属于“不假思索”、VVVIP（Very Very Very Important）那个类别。事实上，“不假思索”并不是脑海里不思索，而是经年累月之后，已经归入一个特别的等级类别（category），不必思索！再往前推进一层，“不假思索”的做法，也可以含有“不应思索”“不要思索”的成分，以“限制”思索的方式，来处理这个极其特殊的类别。

由“孝”的伦常，可以看出道德的身影，而且，也可以归纳出道德的两点重要的特质：第一，道德，意味着一套游戏规则；第二，游戏规则的运作，也意味着有配套的奖惩。而且，奖惩通常不是外在或物质的，而主要是依靠内在，心理或精神上的奖惩。

道德的性质

关于道德的性质，也许可以借着一个稍稍遥远的例子来衬托。众所周知，在职业竞技里，有些在最后阶段之前，是捉对厮杀的淘汰赛。譬如，职业网球、围棋、国际象棋、职棒、职篮、美式/英式足球等。在这些职业赛里，有一个明显的特征：冠军的奖金，比亚军高出一大截。在比例上看，冠亚军之间的差别，可能要数倍于亚季殿军之间的差距。可是，为什么？

一般直觉的解释，也合情合理：冠亚军赛看的人多，广告门票收入多，自然应该给冠军多得。而且，冠军奖金愈多，愈能吸引观众和广告。然而，利用一个数学模型，两位经济学者提出证明（Lazear & Rosen，1981），由另一个角度解释奖金结构：在迈向冠军之路，过关斩将、逐级晋级的每一个环节，有两种诱因使得选手全力以赴：一是晋级名次所对应的奖金，一是能进入下一回合、朝冠军之路迈进的机会。可是，在冠军争夺赛里，已经是最后一场竞技，没有下一场。所以，为了维持同样的诱因，就必须增加冠亚军奖金的差距，让双方像前面各回合一样全力以赴。

因此，两点启示：一方面，维持动力，适当的诱因很重要；另一方面，不同的诱因之间，可以互补或替代。这两点启示，刚好能呼应，道德的重要性质：在每个人的内心（脑海）里，道德就是一种奖惩机制。而且，毋庸外而求也，自己的道德信念（价值观），就足以提供奖惩——做好事，自己高兴；做错事，自己难过。

道德的孕育

在长期的演化过程里，人类先是累积了相当充沛的数据库（经验），在面对环境里的考验时，知道如何趋福避祸，增加存活的概率。慢慢地，进而归纳出一些行为规则（经验方程式）。譬如，雷雨时不要在旷野里活动，狩猎时不要惊动猎物，碰上虎豹身段要低，等等。

由经验归纳而成的行为规则，自然而然地隐含奖惩。雷雨外出受风寒，这是惩；狩猎小心而得手，这是奖。再进一步，这些“实然”（positive）的规则可以转换（或晋升）为“应然”（normative）的规则。也就是，雷雨时“应该”不要出外，狩猎时

“应该”小心，等等。大大小小、分门别类、衣食住行各方面的规则，就形成人们面对世界的方法，是一套价值体系；抽象来看，就是不折不扣的道德。

很多道德，是和人际互动有关。譬如，讲话不要喷口水，让年长年幼者先行。然而，更多的道德是指导自己的行为，和别人没有直接的关联。譬如，吃馒头狼吞虎咽，是自找麻烦；喝开水时先小口啜饮，试水温，是自求多福。日常生活里绝大部分的行为，都是根据自己脑海里的操作手册，大部分时候不知不觉，是因为行动自如，不会带来太多情绪的起伏——聪明的人，已经以低成本的方式运用情绪。起伏要耗用心神，**以不起伏的情绪面对日常生活里大部分行为和事项，是成本低的做法！**也就是，道德情操的结构，也符合成本效益的考虑。

再精细一些，**道德隐含两个元素：游戏规则和奖惩**。当道德观念在脑海里雕塑成形，和“孝”的观念一样，毋庸外而求也，就由每一个人自己来操作。无论是“奖”还是“惩”，都是由自己来实施执行；**自己又是球员，又是裁判**。因此，在人格结构上，至少包含两者：一方面，能维持行为上的游戏规则，知道是否违反规则。另一方面，对于违规，以羞耻、自责等奖惩；对于善事义举，以欣喜、荣誉感等奖励。这两者再加上与生俱来，生物性的欲望（暖、饱、安全、性等），刚好呼应人格心理学所描述的本我（id）、自我（ego）和超我（super-ego）。

简单小结一下，前面先介绍道德的身影，再说明道德的性质，最后是描述道德孕育成形的过程。这个次序，和一般介绍的方式刚好相反（孕育成形→性质→均衡的身影），主要原因，就是由熟悉的现象（孝）出发，再逐渐处理较为抽象的部分。道德，一言以蔽之，是一种工具性的安排，具有功能性的内涵。

道德和法律

在原始/初民社会，法律和道德合而为一，没有必要区分两者，符合当时的条件（成本效益）。因此，道德和法律关系密切，自古已然。

相依

随着社会资源的增加以及相关条件的改变，道德和法律逐渐区隔开来。两者的关系依然密切，但是已经成为两种工具，各司其职。区分道德和法律，有许多不同的方式，其中之一，简单明了：操作法律，有法官、检察官、律师、警察等专业人士，他们等于是维持游戏规则的裁判。因此，**法律的运作，球员和裁判是不同的人**。相形之下，操作道德，街谈巷议，“千夫所指，无疾而终”，对于自己的行为，本身也会维持自己的道德（价值体系）。因此，道德的运作，球员和裁判是同一群人，自己又是球员，又是裁判。

然而，道德对法律的关系，密切而重要。两者都隐含“规则”及“奖惩”，但是对个人来说，道德的操作更为直接。在一般人的生活里，绝大多数人、绝大多数的时候，是依恃自己的道德体系，指导和约束自己的行为，而不是靠法律和法律所隐含的惩处。精细一点的考虑：一般人不闯红灯，不是因为闯了要“罚钱”，而是因为闯了是“违法”（还有可能被撞）。“罚钱”，是法律的惩处，是外在的；而“违法”，是道德上的自我惩处，是内在的。因此，道德和法律，有如两套奖惩机制，同时发挥作用。道德，补充而且增强了法律的作用。

因为道德呼应法律，所以降低了法律的操作成本。一方面，执法人员普遍认为，自己站在正义的一方，居于道德的高地，对于违法的人，理直气壮、正气凛然地斥责批判。另一方面，（大部分）违规的人，也自知作为在道德和法律上逾矩；所以容易自责认错，接受来自于道德和法律的评断惩处。

也就是，道德和法律有如两把戒尺，一把由自己操作（道德），另一把由别人操作（法律）。两者彼此帮忙，互相增强。

相离

随着社会的进展，法律和道德的相对关系，也慢慢地改变。其中的曲折，值得细细琢磨。

当道德和法律关系紧密时，违法和道德上有瑕疵，几乎是同一回事。因此，法律运作过程里，有浓厚的道德成分。法律条文和判决书里也有许多含有价值判断的字眼。譬如，判决书里，常有“从小失怙，个性凶暴”“性情孤僻，好勇斗狠”“凶残成性，素行不良”等。然而，就法论法，在司法体系里，并没有任何授权，让法官运用这些字眼，在道德上对被告作出价值判断。违法的人，只是违反法律的规定，受到法律所规定的惩处。减少乃至于过滤掉法律的道德成分，与其说是尊重人权，不如解读为：这是法律/司法专业性的提升，使法律和道德脱钩，法律成为较中性的游戏规则，如此而已。

社会发展的另外一种趋势，也正在改变法律和道德之间的关系。具体而言，工业革命之后，量产（mass production）改变了人类生活的形态。随着市场的扩充，都市化沛然莫之能御。经济、社会、政治等各方面，人际交往愈益密切，是不争的事实。因特网的发展，更开辟了一个全新的领域，在逐渐成形的地球村里，不再是天涯若比邻，而是天涯就在弹指之间。

人际互动，自然需要游戏规则；商业活动，更需要各式各样的规范。然而，这些规则，很多时候像靠左走或靠右走一样，是在许多可能的规则（rules）之间，选择其中之一。一旦众人接受，就可以有效交往互动。在性质上，并没有道德的成分（靠左靠右，地铁电梯要不要留左边为移动区，地铁上能不能饮食，银行下班是三点半或四点，等等）。万一违反规定，可能有各式各样的理由，也未必和道德有关。

也就是，现代社会法律和各种规则与原始社会的律法之间，已经有很大的差异。过去的律法（处理杀烧掳掠等），主要的功能在除弊。现代社会的诸多法律，主要功能是在于兴利，希望能促进人际交往的流畅，以增进社会的福祉。既然如此，法律和道德的距离更为遥远。在个人的私领域里，道德还发挥自我约束和奖惩的功能；在社会的活动空间，法律愈来愈像中性的游戏规则。

启示

由法律和道德的消长起伏，可以得出些许的启示。对于操作、解释和学习法律而言，都值得琢磨参考。

首先，司法有关的专业（法官、检察官、律师、警察等），往往有浓厚的道德情操，自认为是追求公平正义，是捍卫社稷的长城。然而，道德是一种工具，而且具有两面刃的特性。以道德自持，可以降低运作的成本，还能享有心理上特殊的成就感；另一方面，道德的情操，也可能意味着自矜自是，拿着鸡毛当令箭。在现代社会，每个专业都有自己的专业伦理，也有各自的专业尊荣。司法是众多专业之一，以更持平的心境从事，或许更能可长可久，也更有益于司法专业。

其次，既然道德的重要性下降，而且现代社会的复杂程度上升，对于法律的各种规则，往往不能再从简单的善恶是非对错着眼。司法专业，需要对社会有更多的了解，对于食品卫生、环境保护、经济金融等部门，有更细致深入的专业知识。道德的情怀，需要由中性的专业知识来取代，对公平正义的道德信念，最好也变成对游戏规则有精确的掌握。

结语

在传统法学理论里，道德哲学地位极其重要。但是，道德的存在，似乎是天经地义、不证自明。就理论发展而言，有点像是抽刀断水之后，只管下游，忘却上游。相形之下，《法理的经济解释》所建构的法学理论，是“实证法学”（A Positive Theory of Law）。理论的基础，溯源到原始/初民社会，道德的出现和成形，也是理论可以解释的对象，而不再是理论的前提。这一讲里，先描绘和解释道德的身影、性质和由来，再和法律作一联结。道德和法律的关系密切，毋庸置疑。但是，对于司法从业人员和习法者而言，道德可以不再是不可名状的骄傲自豪，而是清楚明白的理直气壮。

作业

问题 1：职赛冠亚军奖金差额大，和道德的关联到底何在？为什么？

参考分析：淘汰赛的各个阶段，都有两种诱因：晋级到下一回合、奖金。冠亚军之战时，只剩下第二种诱因。因此诱因要增加，以维持同样的动力。两种诱因之间，彼此有替代性。

一个人面对环境时，外在的奖惩（无论物质或精神），能影响自己的行为。同样的，内在的奖惩（道德，主要是精神而非物质），也能影响自己的行为。而且，内在的奖惩很全面，24 小时无休。更直接，操之在我，等于是面对环境的第一道防线。一言以蔽之，相对于外在的奖惩，发展出内在的道德，是效益高而成本低的机制。

问题 2：基于捍卫公平正义的使命感（一种道德情操），可以有助于司法体系的运作。如果道德和法律切割，替代道德情操的机制为何？为什么？

参考分析：球赛裁判执法时，大概和公平正义隔得很远，脑中所想的，是如何让球赛公平顺利地进行。裁判是一个专业，如果雕塑出专业伦理，也足以发挥激励的作用。

同样的，法官在听审时，可以有两种情怀：第一，恶有恶报，正义伸张。第二，维持公平正义的审判，善尽一个法官的职责。第一种情怀，自我的定位，是实现公平正义的使者，或是正义的化身。第二种情怀，法官的自我定位是，自己是一位专业人士，恪守法官的专业伦理。司法运作的各个岗位，都符合专业伦理，公平正义自然得到彰显。两种情怀之间，显然有微妙的差别！

参考文献

① Kaplow，Louis & Shavell，Steven，"Moral Rules，the Moral Sentiments，and Behavior：Toward a Theory of an Optimal Moral System"，*Journal of Political Economy*，115（3）：494-514，2007.

② Lazear，Edward P. & Rosen，Shwin，"Rank-Order Tournament

as Optimum Labor Contracts", *Journal of Political Economy*, 89 (5): 841-864, 1981.

③ Posner, Richard, "The Problematics of Moral and Legal Theory", *Harvard Law Review*, 111 (7): 1637-1717, 1998.

④ Shavell, Steven, "Law versus Morality as Regulators of Conduct", *American Law and Economics Review*, 4 (2): 227-257, 2002.

第九讲　政治过程和法律

宗旨

这一讲的主旨有两点：一方面，阐释政治过程的特性，特别是关于权利和重分配的含义。另一方面，探讨政治过程和法律之间的关联。

权利的调整和创造

现代法治社会里的各种公共政策，都是通过政治过程（political process）而产生。经济学里的“公共选择”（Public Choice），是诺贝尔奖得主詹姆斯·麦吉尔·布坎南（James McGill Buchanan，1919–2013）首创，重点就是利用经济分析的架构，探讨政治过程。公共选择，刚好和市场里的个人选择（private choice）相对应。

政治过程的特性，可以由很多角度来探讨。借着图 9–1，简单明确地呈现了其中的几点。图中表示，由杭州到广州，原来有一条高速铁路。如果客运量增加，需要开辟第二条高铁，有 A 和 B 两个可能的路线。显而易见的，对于沿路的县市乡镇和民众而言，影响大不相同。主要的利益集团，自然而然地会通过各种方式（包括游说和利益交换等），希望能影响最后的决定。

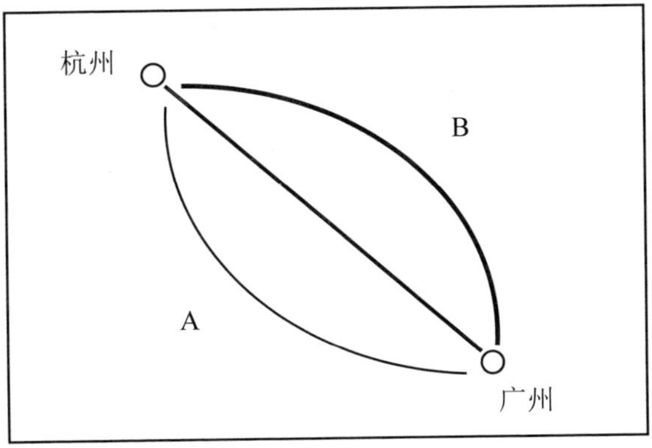

图 9–1　高铁可能的路线

因此，有几点简单的事实，可以条列如次：第一，路线不同，但是都隐含可观的**经济租（economic rent）**。民众和利益集团，会向民意代表及政府机关游说施压，这是不折不扣的**“寻租”行为（rent-seeking）**。现代社会里，这是政治过程的常态。第二，不同的路线，对沿线居民的影响不同，包括：接近高铁路线，开发土地，运送产品等。各种“权利”（rights），都会因而调整变化。在政治过程里，权利被不断地调整和创造。

权益重分配

既然在政治过程里，权利处于一种（缓慢）变化的过程；一旦权利调整，相关的**“权益”（interests）**跟着变化，也就是会有**“重分配”（re-distribution）**的含义。

在经济学里，重分配是探讨财政问题时的焦点之一。譬如，货物税提高一个百分点，对于消费者和厂商，各有多少的影响？法学虽然和案例分析息息相关，重分配这个概念似乎一直受到忽视。简单地表示，重分配所关心的问题就是：一旦权利变动，受影响的是哪些人（或群体），而权益又如何变化？再借着一个案例，反映政治过程隐含的权益重分配：如果国民义务教育，由目前的九年延伸为十二年，哪些人是受益者，哪些人无关痛痒，哪些人又是受害者？

国民义务教育由九年变为十二年，最直接的受益者，当然是目前在高中以下就读的子弟们，他们受教育的权利被扩充。相对的，孩子已经高中毕业，没有子女的家庭、单身汉（单身贵族）等，没有享受到这个政策的好处，却要增加税负，可以说是直接的“受害者”。其次，因为延长义务教育，所以高中教育要扩充。师资就业机会增加，校舍增建扩建，教科书文具等教育用品的市场扩充，这些部门和群体，是第二波的受益者。

然而，在政策改变之前，社会有两个群体：一群，是只受了九年义务教育，就进入社会就业的人；另一群，（假设）继续受完大学教育（共 16 年教育）再开始工作。显而易见的，这是两个不同的群体，在偏好、思维方式、消费习惯上都有明显的差别。当义务教育延长之后，文学艺术杂志书籍的市场扩充。社会成员之间的同质程度上升，理性程度和稳定程度都水涨船高。社会大众对于公共政策的思维好尚，也会比以前接近。

两点启示：第一，政治过程里的决定，会调整现有的或创造新的权利，因而有权益重分配的作用。第二，分析权益重分配，值得考虑短期和长期、直接和间接的影响。

政治过程和法律

通过政治过程，权利（和权益）不断地被调整和创造。通过法院的判决，也往往有类似的功能。然而，两者之间却有微妙的区分。

政治过程里，一旦完成立法，通常意味着权利的调整或创造，是广泛而普遍的。譬如，九年义务教育变成十二年，涉及每一个学龄儿童。相形之下，法院的官司，通常只涉及双方当事人。即使是新生事物，被调整或创造的权利，也只限于当事人，影响范围要狭隘片面得多。譬如，隔壁新建房屋挡住阳光，受影响的邻居提起诉讼。第一个官司成立，并不意味着以后每个官司都会成立。

当然，在某些特定的情形下，法院所作的判决，也可能带来全面性的影响。譬如，广为人传颂的“布朗—教育委员会”（Brown vs Board of Education）的官司。美国社会原先的做法，是黑白学童上不同的学校，符合**“隔离而平等”**（separate but equal）的原则，并不违法。但是，在这个官司里，法院认定：看似平等，但学童在隔离的环境下受教育，接收的是残缺而不完整的信息。因此，区隔教育违反宪法，“黑白学校”必须融合。对美国教育和社会而言，这个判决有极其深远的影响。用牵一发而动全身来形容，毫不为过。

由此可见，法官在面对案件时，值得提醒自己：任何判决，都是在厘清和界定相关的权利（权益）。然而，根据分权的原则，制定法律是立法部门的权责，法院（法官）不是立法者，最好不要借箸代筹、越俎代庖。

参考坐标

在面对棘手的官司案件时，法官如何自处，才能不负所托又避免侵犯立法权呢？两个方向的思维，可以参考。

回头看（Backward looking）

第三讲里提到，目前站在 t_0 这个时点，案件发生在 t_{-1}、t_{-2} 等时点。现有的法律（包括宪法），是在更遥远的 t_{-n} 所制定。在援用法律时，必然要回到从前，揣摩当时的情境。有两个明确的参考坐标，直接而醒目：

条文主义（textualism）：法官只是引用和应用法律，因此应该恪守法律条文（或判例）。对于法律的文字，最好设法萃取当时（t_{-n}）而不是现在（t_0）的意义。尊重法律条文，也就是尊重分权原则，更是尊重立法机关所代表的民意。在现代文明社会里，民意是最终的价值所在，尊重民意，已经成为众议佥同的普世价值。

原旨主义（originalism）：法律条文只是媒介，反映和表达当初立法者的意图。时过境迁，物换星移，文字容易辨识，但是，更重要的，是要探索当初立法的意旨。否则，紧守条文，不追究立法原意，反而可能变成以辞害意，见树不见林。

抽象来看，条文主义和原旨主义，分别代表两种立场。条文主义，强调法律见诸于外的“形式”，争议较小，明确可辨。原旨主义，强调法律所希望达到的目标，也就是“实质”所在。条文只是工具，目的更重要。

向前看（Forward looking）

回头看的参考坐标，是过去；向前看的参考坐标，是未来。

法官（法院）在斟酌如何运用法条时，问自己的问题很简单：对法律哪一种解释，会在未来产生比较好的结果？基于这种思维方式，有两点考虑值得提出。这两点考虑，都和波斯纳法官 / 教授有关。

首先，是波斯纳所提出的，有创意而且大胆、甘冒大不韪的做法，名为**“打混仗”**（muddle through）。众所周知，法律的特质是稳健、缓慢变化。但是，随着科技快速发展，市场规模不断扩张，都市化八爪章鱼般地延伸，新生事物无日无之。法律所形成凝结的时空，相对地稳定因循。面对日新月异的司法案件，现有的法律可能捉襟见肘，也可能今非昔比、不合时宜。怎么办？

波斯纳认为，面对疑难杂症，过去不可恃，未来又不可知。法官不妨采取“打混仗”的做法，不处理问题的全部，而有意地只处理局部，这是有意地见树不见林。等到类似的官司累积之后，有足够的数据，问题的轮廓鲜明之后，再处理问题的全面。譬如，在很多国家里，同性恋婚姻早已合法，但是，在华人社会里，主流价值还相对地保守。同性婚姻合法化，恐怕短期内不会实现。

然而，即使不直接处理同性婚姻，还是可以间接地、局部地处理相关的问题。如果同性伴侣相处一段时间分手，关于财产处分的问题，法院可以根据共同生活的事实，援用合伙人（partners）、共同持有等概念，间接承认财产共有的法律关系。等到累积足够的材料之后，最后承认同性婚姻，将只是水到渠成、一步之遥、触手可及。

其次，波斯纳年过六十以后，大力鼓吹**“务实主义”**（pragmatism）的立场。借着图 9-2，有助于说明波氏的理念。目前，是站在 t_0 这个时点，案件已经发生，是过去式。往前看的思维，可以用 A–A′ 来表示。如果采取 A 的解释（或判决），在未来（t_1）会带来一种结果（B）；如果采取 A′ 的解释，会带来另一种结果（B′）。比较 B 和 B′，就可以在 t_0 作出适当的取舍（A 或 A′）。

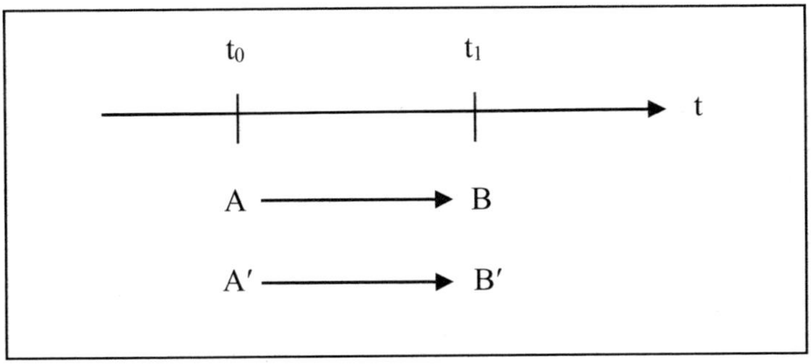

图 9–2　往前看的思维

当然，未来，存在各种不确定性。目前，是过去的延伸，有诸多的限制。**因此，务实主义的立场，就是不拘泥于各种道德教条、主义信念，以平实的态度，评估手中可能的选项，希望能有较好的结果。因此，务实主义的精神，可以简单地归纳为两点：第一，不求尽善尽美，以“次佳”（second best）而非最佳（first best）自期自许。第二，焦点所在，不是“结果”（outcome）而是“过程”（process）**。一言以蔽之，“尽人事，而后已”！

综合考虑

关于法官阐释法律（面对疑难杂症的案例），由上面的陈述里，可以归纳出一些体会。首先，在社会科学界，经常看到论文或报告里，有这么一句“理论无好坏”。看起来似乎四平八稳，兼容并蓄。其实是混淆是非，当然可议——这不是有意识地“打混仗”，而是冬烘颟顸！

就以对法律的解读而言，坚持“条文主义”，当然比不上同时考虑“原旨主义”。只着眼于“回头看”的立场，当然比不上同时考虑“往前看”的立场，在理论之间，当然有高下之别！而且，不同的理论，如同工具箱里不同的工具。一般来说，多几套工具，要比只有一两种工具来得好。

其次，面对新生事物，法院尝试性地“打混仗”，其实有非常积极正面的意义。个别官司的判决，通常只是带来片段、有限的变化。而且，下级法院的新意，还要经过上级法院的检验。这是一种过滤、汇整和累积的过程，虽然缓慢，但也同时意味着稳健周全。法院不完全恪守旧章，既是对于新生事物的响应，本身也成为推动社会进展的助力。美国最高法院曾在判决中表示，对宪法的解读，最高法院是采取一种**演化的量尺**（evolutionary standard）。显然，这种立场和条文主义和原旨主义，已经有一定的差距。

尾声

现代法治社会里，法律经由立法过程而产生；立法过程，是政治过程的一部分，对于政治过程的了解，有助于体会法律的全貌——先了解社会，再了解法律。

通过政治过程，权利不断地被调整和创造，对于权益的结构，产生了重分配的结果。相对应的，法院所作成的判决，虽然是个别的官司，也有类似的、涓滴累积的效果。因此，在处理案件时，不仅要有向前看的视野（第七讲已介绍），还要往前推进一步：体会到目前（t_0）所作的决定，会在未来产生重分配的作用。回头看，是传统法学的正规训练；往前看，是社会科学带来的另一视角。大陆司法界所强调的“法律效果”，呼应回头看；而“社会效果”，则呼应向前看。好的判决，能够整合回头看和向前看，使法律效果和社会效果融而为一，彼此强化。

最后一点，务实主义的精神，对个人、社会而言，都有相当的启发性。务实，是不走极端（“天下没有不是的父母”，是极端），是不冬烘（“执两用中”，有点冬烘），是不依恃教条（“为了正义可以天崩地裂”，是教条），是不专注于结果（“会拿耗子才是好猫”，是强调结果）。务实，是脆弱有限的人，在承担过去、面对未来时，当下所采取的谨慎稳健态度。

作业

问题1：在民法教学里，经常以“请求权”作为分析的起点。请求权是由何而来？为什么？

参考分析：请求权的思维模式，是两岸民法第一人王泽鉴教授多年的倡议。他曾作较完整的说明：释义法学（教义法学，doctrinal analysis of law），是把学界所坚信（不是“信仰”）的核心理念当作基础，再发展出日常操作的一些法原则。请求权的基础，就是来源于这些法原则或更根本的信念。

核心的上位观念，譬如：“私法自治”“诚实信用”等；日常操作的法原则，譬如：“买卖不破租赁”“善意第三者”。当然，无论是法原则还是核心理念，都已经是演化的结晶体——经由立法或习惯法的过程，成为法律的基本结构。对于请求权，知其然而且知其所以然，有助于运用法律。更进一步，法原则（和基本信念）只是原则，在一般情形下适用，一旦有特殊情况，也会容许例外。譬如，买卖不破租赁，是民法里广为人知的法原则（教义）。然而，如果出租人愿意降低租金，以保留随时可卖的弹性，承租人付较低租金，但面临租期中买卖、租约终止的风险。若双方合意，自然是合法有效的租赁契约。

问题2：对当事人而言，在乎的是本身的权益，也就是回头看的视角；强调往前看，有说服力吗？

参考分析：在处理个案时，法官面对两种考虑：回头看，要善后；往前看，希望未来产生好的效果。再仔细一点：向前看的视野意味着，希望由这个案件中，提炼出通则，将来有类似的案件，就以通则来处理。而且，这个案件的通则，（希望能）产生宣示效果，能正向诱导未来的行为。

回头看的角度，就是对当事人的特殊情况，也纳入考虑。因此，向前看是通则，向后看是（额外考虑的）例外。通则和例外都纳入斟酌范围，正反映了务实主义的立场——不走极端，论述有据，着眼于长治久安，但也不忽略当下！这种立场，也经得起另一种检验。只要问当事人：如果你是另一方，那么会赞成哪一种判决？经由换位思考、站在别人的鞋子里、设身处地，兼顾双方权益的取舍，正是对社会长远而言，较好的取舍！

参考文献

① Buchanan，James M.，*Better than Plowing and Other Personal Essays*，University of Chicago Press, 1992.

② Okun，Arthur，*Equality and Efficiency*：*The Big Trade-off*，Washington：Brookings Institution Press，reprint，2015.

③ Olson，Mancur，*Power and Prosperity*，New York：Basic Books，2000.

④ Posner，Richard，*Overcoming Law*，Cambridge，MA：Harvard University Press，1996.

第十讲　七年之痒特效药问世？
——案例分析（二）

宗旨

这一讲的主旨有两点：一方面，通过具体的案例，阐释界定“权利”的曲折。另一方面，由具体的事例中，萃取法学智识上的兴味。

七年之痒特效药问世？

世界人口第一大国，经济快速成长，各种社会问题不断涌现。学者专家绞尽脑汁，各擅胜场。针对婚姻问题，某位专家建议：结婚证书改为期限制，有效期为七年，逾期不换证，婚姻自动失效。和永浴爱河、白首偕老等相比，这个建议当然令人侧目。根据网络上的热烈回响，毫无疑问，这位“砖家”的地位于焉确定。然而，不以人废言，在嘲讽讪笑之余，“七年婚约”的主意，是不是也可以引发一些有意义的思维？

众所周知，波斯纳法官是法律经济学的领军人物，在法学和经济学这两个学科里，都有重要的建树。《法律的经济分析》（*Economic Analysis of Law*），是他传世的经典巨作。某一章章后的习题里，他抛出这么一个问题：大陆一胎化的政策，世所瞩目。如果采取“生育许可证”（birth permit）的方式，是否有助于纾解问题？

生育许可证（或“育儿券”）的基本概念，是每一对新婚夫妇，都自动配发一张许可证，可以凭证生产一位宝宝。有些夫妇希望多子多孙，就要设法取得额外的许可证。有些夫妻，希望膝下空虚，享受丁克族（DINK，double-income-no-kids）的人生，刚好，可以把配得的许可证出让。有需求、有供给，自然会形成一个转让“许可证”的市场。通过自愿性的交易，可以突破一胎化的局限，既符合一胎化的基本目标，又能满足人们不同的偏好。一举数得，谁曰不宜？

当然，连养儿育女的事，都能够用市场机制（买卖）来处理，（法律）经济学者惹人嫌恶，几乎就是咎由自取。与“贩婴者”（baby seller）和“杀婴者”（baby killer）——堕胎者——相去不远，几乎就是一步之遥。还好，一胎化的政策已经解冻，波斯纳的好（馊？）主意已经成为益智游戏，适合当习题作业！

回到结婚证书有效期七年这个点子上，也可以试着琢磨一二。很明显的，随着社会的开放发展，以及都会区的形成，男女的相对关系已经迥异于过去。千百年来男耕女织、一夫一妻、劝和不劝离的搭配，短短数十年之间，风貌已经大变。就婚姻而言，目前至少有好几种主要形式：夫妻有子女，夫妻没有子女，单亲爸爸（妈妈），单身贵族。由养育子女的角度，当然有高下之别。可是，就尊重个人自主的角度，高下却不一定很明确。

另一方面，和同居不结婚、闪婚、一日情等相比，“定期婚约”也未必更值得批判贬抑。“七年婚约”的正面意义，至少有几点：首先，成熟的男女之间，彼此先约定时间，相处得好则继续，不好则到期自动失效。因为先有风险控制，在冲突时反而容易化解——无须忍受不可知的漫长岁月，好聚好散。其次，对彼此的关系和自己的人生，会有更清楚的规划。因为有阶段性的“解约”时点，反而对生活会更有意识地经营。双方关系可能更为客气，相敬如宾，和吵吵闹闹，勉强凑合下去的怨偶相比，婚姻关系可能要平稳有序一些。

因为婚约是有限期间，大概不会生小孩。对于投资置产，也会更为慎重，彼此的所作所为，都是相对谨慎小心的。一言以蔽之，**婚姻有期限的最大特色，是双方作为时，脑海里都自动检验：这么做的意义和效果如何！**

当然，结婚证书有期限的做法，不仅抵触华人社会的主流价值，也直接挑战文明社会的普世价值。即使在遥远的未来，出现的可能性也微乎其微。这个点子的最大好处，可能就是提供了法学和经济学一个好的家庭作业题目！

法律该被信仰吗？

“法律必须被信仰，否则形同虚设”，说起来朗朗上口，听起来庄严凝重。然而，在一个现代法治社会里，这句话的意义何在，是否得宜呢？虽小道，必有可观者，也许值得稍加斟酌。

波斯纳教授/法官，著作等身，是公认的法学重镇。他在“法律经济学”的贡献，很可能使他成为科斯之后，这个领域的另一位诺贝尔经济学奖得主。波斯纳的背景是英美文学（本科）和法学（研究生），但是涉猎极广。职务上一直以法学为主——在法学院任教、担任巡回法院法官——因为学养深厚、智识渊博，所以笔下处理各种问题时，经常慧眼独具，启人心智。

对于政治和法律之间的关系，他的两点慧见（insights）可以为例，以见其余。首先，众所周知，现代社会里，法律是在民意机关里经过论对和较劲，由政治过程所议定。所通过的法律，可以分为两大类：**一般利益立法（general purpose legislation）和特殊利益立法（special interest legislation）**。在阐释这些性质不同的法律时，法官（法院）该一视同仁，还是差别对待？

波氏指出：一般利益立法，涉及范围广，涵盖诸多不同的情境。因此，立法所使用的文字，通常是原则性、概括性，在适用时如果有争议，可以从宽解释。相形之下，特殊利益立法，是针对特殊的群体、政策目标，在立法过程里，经过折中妥协，该囊括的利益，都已经被摆进文字里。因此，在解释时，值得从严从窄，才能反映立法精神——也就是反映立法机关所代表的民意。

其次，随着经济发展，都会区逐渐形成，各种社会问题自然而然地显现。其中，弱势群体的处境，特别引人注意。不少学者论述，法律所保障的“基本权益”（entitlement）——如低价住宅、食物券等——应该积极扩充，以保障这些族群。波氏指出，“基本权益”一旦扩充，固然有正面的作用，然而，这同时意味着，公共政策所能讨论的空间，也因而缩小。在现代社会里，有多元的价值，各种利益，通过民意机关和立法过程，彼此竞争角逐。预算用来保障基本权益，就不能用来处理其他的社会议题，公共政策的施展范围受到挤压，未必是民主代议社会之福！

关于宗教问题，我曾经致函波氏：他的《正义的经济分析》（*The Economics of Justice*），已经成为经典，影响深远。对于宗教，或许也可以有《宗教的经济分析》（*The Economics of Religion*）——对于人类文明重要而微妙的一环，由经济学提出持平合理的分析，善莫大焉。以他的学养才华，最适合处理这个大哉问。（当然，信中还有其他的美言，余不一一。）波氏客气回信，还附了一份资料，是他在某个研讨会上，关于宗教问题的发言，还没有公开发表。波氏已年过70岁，笔耕不辍，也许，《宗教的经济分析》会有问世的一天？！

无论如何，宗教信仰和法律之间的关系，前面引述波氏的两点见解，可以参考：现代社会里，法律是由政治过程所决定，法律的内容，也就是公共政策的一部分。经过论对辩难，通过政治过程，形成法律。相形之下，法律一旦成为信仰，就没有讨论的空间。因此，**在现代法治社会里，法律和信仰之间，相隔十万八千里，或更远。**至于在极权体制下（如纳粹德国），在法律和信仰这两者之间是否能作出联结，倒是一个好问题。

我揣测，如果有人问波斯纳：法律该被信仰吗？他可能犀利如常地响应：你在开玩笑吗？今天是四月一日愚人节吗？

信仰的重量

在《论自由》（*On Liberty*）这本书里，约翰·斯图尔特·米尔（John Stuart Mill，1806–1873）提出一个著名的法学观念，名为“伤害原则”（The Harm Principle）：一个人的行为如果没有伤害到其他人，他应该有这么做的自由。中文译作，掷地有声：“一个人的自由，是以不侵犯他人的自由为自由！”无论是译文还是原文，都有可议之处：中文译法，有循环论证的麻烦。原文虽然观念简洁有力，可是操作起来还是有微妙的曲折。关键所在，就是“伤害到其他人”到底如何界定？

在二十一世纪初，一般文明社会都尊重每个人的信仰自由，而且，无论是大陆法系还是英美法系，信仰自由都受到法律的保障。然而，在具体事例上，对于信仰自由，到底该保障到哪个程度？抽象来看，这和米尔“伤害原则”的困扰，几乎无分轩轾。不过，在处理这个问题之前，不妨先往后退一步，琢磨一下信仰的性质。

在人们生活的经验里，“信仰”是属于一个很特别的类别。一旦涉及信仰，通常有两种态度：一方面，关于信仰的“内容”，不讨论，因为是信仰。另一方面，对于信仰存在的“事实”，彼此尊重，井水不犯河水，共存共荣。这种态度，不只是停留在个人层次，也反应在国家层次上。具体而言，许多国家通过具体的法律，保障信仰的自由。譬如，美国宪法里明定：政教分离，不得设立国教，而且不得以法律限制任何宗教信仰。20世纪60年代通过的《民权法案》，更明确规定：雇主必须保障员工的宗教信仰。

2015年，有两位伊斯兰教信徒，受雇担任驾驶，运送货物。但是，基于宗教信仰，他们拒绝载运酒类物品，结果被雇主开除。他们向司法机关投诉，最后联邦就业机会平等委员会作出裁定：公司可以调整工作，让其他人驾驶载运酒类，他们可以负责运送非酒类货品。对于他们的损失，公司要赔偿24万美金。关于保障信仰自由，这个实际案例当然很有启发性。然而，委员会的裁定，其实还有意在言外的含意。

在这个案件里，公司有很多位驾驶员，要调整任务，并不困难。也就是，公司尊重信仰所增加的成本，是可堪负荷的。可是，如果这家公司只有两位驾驶员，而且运送物中就是有酒类货品，那么，要公司尊重员工的信仰（譬如，多雇用驾驶员），成本太高。相反的，两位驾驶员如果不愿意载运酒类，可以到其他成千上万的雇主处去求职。两相比较，公司调整成本高，员工调整成本低，在这种情形下，宗教信仰的价值，就要让位给企业生存的价值！

更进一步，不只对宗教信仰的自由是如此，对于其他的权利（包括基本人权、包括米尔的自由），也是如此：法律的主要功能之一，在于处理价值的冲突。**对一个社会而言，没有哪一种价值是绝对的，对于任何价值的保障和维护，是相对于其他的价值。**

因此，一个人可以在海德公园的肥皂箱上，高声宣扬“外星人即将攻击地球”，但是，他不可以在戏院里大喊“失火了”——这就是言论自由的身影。

一言以蔽之，在现代法治社会里，对于宗教信仰保障最后的取舍，是通过众议佥同的程序而决定。法律，是信仰的捍卫者和守护神。但是，法律只是典章制度的一部分，本身不是宗教，更不具有“信仰”的性质。“法律必须被信仰”的说法，是以讹传讹，有着不辨菽麦的雅趣。然而，即使有些反智的成分，基于保障言论自由的考虑，自然是百家争鸣、各擅胜场。

在言论的市场里，鼓励自由竞争，这已经是普世价值，也已经成为法律。但是，这是法律，而且也只是法律，而不是信仰！

琢磨理论

针对前面三个案例，可以更具体地勾勒出所涉及的理论和相关的概念。

七年之痒

法庭里的案例，当然是法学很重要的内容。解决实际的法律问题，更是法学训练重要无比的一环。然而，法学也是一个学科，除了实用性之外，也有智识上的探索。探索的成果，不但是知识的累积，也蕴藏了心智活动的趣味。

波斯纳的“生育许可”和“砖家”的“七年婚约”，成为真实公共政策的机会不大。然而，却可以激发思维，琢磨问题的各个层面。南京工业大学一位副教授“聚众换偶”，东莞地区“一夫多妻”（一个男人同时和多位女子交往，彼此相安无事）的现象，也是法学理论上有趣又有挑战性的议题。

法律和信仰

对于法律的探讨，不应该只以部门法为起点；立法阶段各种利弊得失的考虑，也只是范围上小幅度的扩充。现代法治社会里，法律是通过立法机关而制定。而立法机关的运作，又是政治过程的一部分。因此，完整的法学教育，必然要包括对政治过程性质的了解。

另一方面，法学和道德哲学密不可分，法学里的某些角落，也就经常有一些道德性、规范性浓厚的说辞。虽然和事实有相当的距离，但是往往却广为流传，众口铄金。“为了正义，可以天崩地裂”，是例子之一。“法律必须被信仰，否则形同虚设”，也是如此。

法律的重量

由政治过程、立法机关的角度解读法律，可以更清晰地看到法律的本质。政治过程，是处理各种竞争，乃至于彼此冲突的利益。立法机关的功能，就是透过众议佥同的法定程序，以立法（法律）的形式，制定处理价值冲突的游戏规则。

这种观点，当然和传统法学的信念——法律，为追求和实现公平正义——有很大的落差。然而，“法律，主要是处理价值冲突”这种观点，至少有两点可取之处：第一，对法律的认知比较心平气和，避免道德性、规范性的认定。第二，在操作和解读法律时，不是由道德来臧否对错，而是平实地琢磨造成价值冲突的原因和化解之道。

尾声

在面对问题时，法学界人士的思维方式，经常是：涉及哪个法条？法律上谁是强者，谁又是弱者？相对的，经济学者的思维方式，通常是：涉及哪几个利益（价值）？环境里相关的条件，又是哪些？价值判断，通常不是只浮现在脑海里的念头，而往往涉及范围更广的考虑。

在人类历史上的某个阶段里，“实力界定权利”（Might Makes Right）。然而，在现代法治社会里，权利是由法律所界定，而法律本身，又是由政治和立法过程所决定。学习法律的箴言之一，是“先了解社会，再了解法律”，稍微细致一些的呼应，是“先了解政治（立法）过程，再了解法律和权利”。

作业

问题 1：小镇的酒吧，只限定男性进出，如果女性基于“性别歧视”的理由起诉，如何处理较好？为什么？

参考分析：类似的官司，在英美有很多。主要的考虑如下：如果小镇上只有一家酒吧，则必须对男性女性开放，因为这是大家休闲社交的重要场所。但是，如果小镇有一家以上的酒吧，而至少有另一家同时服务男女，“限定性别”的做法就是合法的。

两个论点可以参考：第一，如果酒吧不止一家，各酒吧的经营方式，有点像俱乐部（club）一样。一般情况下，俱乐部是基于会员的共同兴趣。对会员有资格上的限制，反映俱乐部的基本特质，并不违法。第二，酒吧限定男性，划地自限，是好是坏，由市场决定。容许产品有差异，各擅胜场，符合经济活动、市场机能的基本精神。抽象来看，这个案例和“信仰自由”（拒运酒类）的逻辑，其实是一致的。保障性别（保障信仰），是值得追求推崇的价值，但是，其他的价值，也值得捍卫。对于任何一种价值的保护，不能无视代价！

问题 2：大部分国家和地区，对于各级学校的师资，都有退休年龄的规定。基于不得有“年龄歧视”的考虑，美国已经取消老师届龄退休的规定。试分析相关的因素，利弊为何？为什么？

参考分析：就老师的工作而言，主要的考虑是：能否善尽职责？随着医疗的进步，生活条件的改善，目前年龄七八十岁的人，在老师这个行业上继续工作，问题并不大。当然，保障老师权益的同时，是学生受教的权益。教学评鉴、其他考核指标等，是配套措施，以维护各方的权益。

另一方面，抽象来看，原先以年龄划分退休与否，只是一种“次佳方案”——就像对“成年人”以年龄区分一样。当社会资源充沛，其他条件也具备之后，可以放弃以年龄作为退休的标准。更精致、更考虑个别差异的做法，当然可以有发挥的空间！

参考文献

① Demsetz，Harold，“The Problem of Social Cost：What Problem？ A Critique of the Reasoning of A. C. Pigou and R. H. Coase”，*Review of Law and Economics*，7（1）：1-11，2011.

② Elster，Jon，ed.，*Local Justice in America*，New York：The Russell Sage Foundation，1995.

③ Hazlitt，Henry，*Economics in One Lesson*，New York：Arlington House，1979.

④ Posner，Richard，*Economic Analysis of Law*，3rd edition，Boston：Little & Brown，1986.

第三篇　法内法外

正义的理念，贯穿法学和司法运作。社会科学（social sciences），是由法学之外的视角，对法律作更全面的检视。还有其他关键性的因素，对法学和司法运作有着不可忽视的影响。这一篇里，将探讨一个重要的影响因子：信息（information），是隐身于法学内部的主导力量。

第十一讲　司法运作和贴标签

宗旨

这一讲的宗旨，有两点：一方面，介绍“贴标签”这个现象，并且由经济分析的角度作出解读。另一方面，把贴标签的现象，和法学/司法体系作一联结。

贴标签的故事

标签（stereotype）或刻板印象，是名词，而贴标签（stereotyping）是动词。根据《维基百科》（*Wikipedia*），刻板印象是指：

> 对于特定群体的成员，有些人持有特定的看法。通常，

刻板印象有负面或偏见的含义；而且，往往会借着刻板印象，合理化某些歧视性的做法。比较温和的看法是：有时候，刻板印象反映了，对于社会实情的通俗之见。

根据《牛津大辞典》(*Oxford Dictionary*)，贴标签这个词汇的现代用法，最早于1922年出现。对于贴标签（或刻板印象）的探讨，主要存在于社会学界，而且，参考文献汗牛充栋，不可胜数。以图形来表示，《维基百科》的解释，有如图11–1：

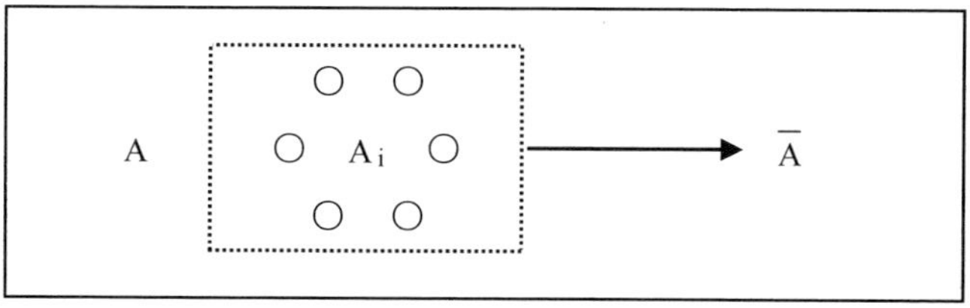

图11–1　刻板印象

也就是，对于A群体里的某个成员A_i，以一种平均值$\overline{A}$来认知。然而，社会学对于贴标签（刻板印象）现象的解读，过于狭隘。另一种解读的方式，是利用图11–2光谱的概念。当眼前出现一个人、事、物时，认知的方式有很多种；但是，通常只以光谱上的某一个区间（interval）来解读。抽象来看，贴标签的现象，可以利用图11–3来表示：

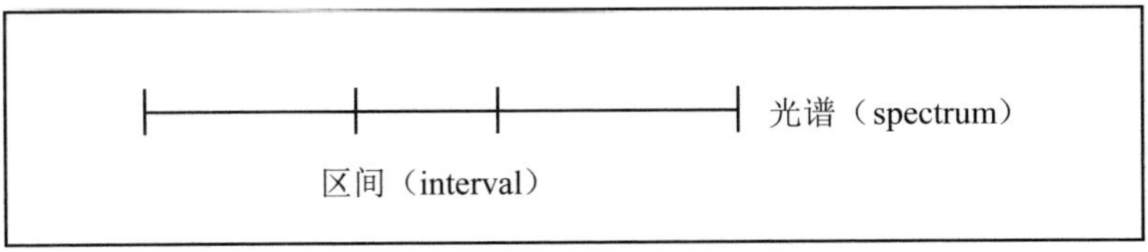

图 11-2　贴标签的意义

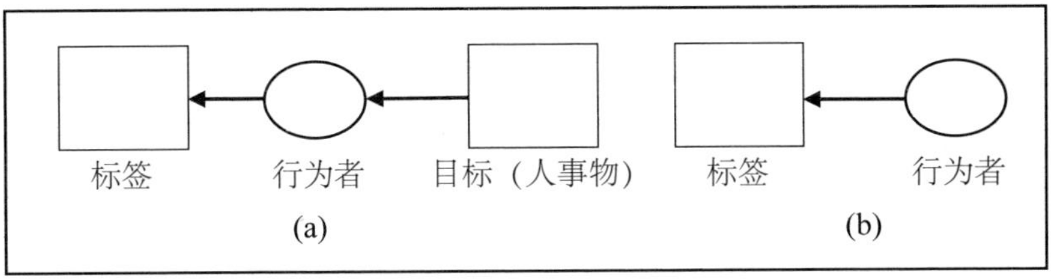

图 11-3　贴标签

左边的（a）栏表示，通过视觉、触觉、味觉、嗅觉等，一个人认知到一个物体或现象，然后赋予一个符号（label），这个符号，就是标签。右边的（b）栏表示，追根究底，贴标签就是一个行为者（actor），对一个现象、人或物体，赋予一个特定的符号。当然，这种观点，是对贴标签做比较广泛的解释。然而，这种比较广泛的解释，正可以反映：贴标签其实无所不在。而且，正因为无所不在，所以反而没有得到应有的重视。

由这个角度阐释贴标签，立刻可以得到几点启示：首先，人在面对环境时，无时无刻不在贴标签。原因很简单，借着贴标签，可以大幅降低思维和行为的成本。其次，贴标签时，人是不自觉地援用自己脑海里的数据库（data bank）。数据库愈丰富，贴的标签愈精确。同样的道理，数据库里类似的数据愈多，也愈容易贴出精确的标签。在陌生的环境里，人往往不知所措——因为数据库里的相关数据不足，无从形成有意义的标签。

再次，在社会学的讨论或一般人的认知里，贴标签（刻板印象）都隐含负面的含义。这是给贴标签贴上负面的标签，可是，为什么呢？由经济分析的角度看，贴标签具有非常正面的意义。而且，日常生活里，每个人无时无刻不在贴标签。社会学和一般人传统的看法，显然是一种狭隘的认知。原因之一，还是成本效益的力量作祟——对“贴标签”贴上标签，可以降低思维和行为的成本！而且，一旦贴上负面的标签，积非成是，可以世代因循。华人经济学者张五常曾表示：“错比空好。”错，有明确的参考坐标；空，让人不知所从。另一句类似的名言，是“大自然排斥真空”（Nature abhors vacuum）。最后，贴标签的现象反映了：人在面对环境时，有意无意地采取一些做法，以降低自己的行为成本。这完全符合经济学对人行为特质的假设：人是理性（rational）和自利（self-interested）的。

借着一个非常简单的式子，可以更明确地烘托出贴标签的意义：$A_i=\overline{A}+e_i$；A_i 是完整真实的信息，$\overline{A}$ 是平均值，表示初步印象，e_i 是误差项。如果眼前有一个外国人，平均值就是过去由书、电影或其他经验里得到的对外国人的刻板印象；因为没有其他的信息，只好以平均值作为自己行为因应的依据。如果以后有机会再相处，就有机会多萃取一些关于这个外国人的个人信息（e_i）。不过，由这个简单的式子，也可以作一连串的联想。日常生活里，大部分是一面之缘或非人情交往，因此没有机会萃取额外的信息。也就是，行为的依据，大部分时候是平均值（$\overline{A}$），而不是完整的信息（A_i）。即使有机会再接触，得到额外的讯息，也可能是模糊的误差项（$\bar{e}$）、而不是真正的误差项（e_i）。事实上，即使长期相处，谁能保证，结褵数十年的夫妻，对自己牵手的认知是完整精确的（A_i）？换种说法，人的行为举止，都是根据各式各样的标签而来；标签有精细和粗糙之分，但也只是程度上的差别而已。

小结

这一节先简单回顾了社会学对贴标签的解释，然后借着简单的图形，呈现出贴标签的意义。最后，则是把贴标签的概念抽象化、一般化，并且，把贴标签的现象，链接到经济学里其他相关的概念。追根究底，贴标签是人们所发展出的一种机制，希望能更有效地面对环境，对贴标签赋予负面（而不是中性）的标签，也正反映了这种机制的运作方式。再往前推一步：人不只对环境里的人事物贴标签，人事实上也对自己贴标签！每一个人的自我形象（self-image），不就是一种简化加上美化过后的产物吗？自己心目中的自己（$\bar{A}$）和真实的自己（A_i）之间，不是有一段落差吗？而且，自己对人、事、物的因应取舍，不就是根据所自持的自我形象而来吗？自我形象，不也就是一种能发挥作用的机制吗？对自己和对别人贴标签，过程或许不同，目的不都是在降低行为成本、希望自求多福吗？

司法运作和贴标签

根据前面的论述，贴标签的情形无所不在，既然如此，要一一论证法学（司法体系）里贴标签的现象，可能只会挂一漏万。因此，这一节里的论证，将只是举例而已，而不是列举。具体而言，这一节将讨论司法体系里，“死刑”和“前科记录”这两个问题。

死刑

在他们著名的博客里，贝克和波斯纳曾特别讨论了死刑废除与否的议题。当然，引发后续一连串的讨论。当他们的论述出现在网络期刊《经济学人之声》（*The Economists' Voice*）时，一样引起了正反两面的论述。对于这个问题，一直还没有定论。

关于废除死刑这个议题，论述极夥。反对死刑的主要论点之一，是可能会犯错，而一旦犯错，无从弥补。波斯纳认为，至少在美国，判处死刑需要经过一道道非常严谨的程序，因此，犯错的概率微乎其微。反对死刑的另一主要论点，是执行死刑未必有吓阻效果。贝克的论点是，处死一个人，只要能避免另一个被害人遇害，就是值得的。赞成死刑的另外一个主要理由，是把死刑视为“终极惩罚”（punishment of the last resort）。在现代文明国家里，如果没有死刑，最重的惩罚就是终身监禁。那么，终身监禁的犯人，如果在牢里又犯了强奸、杀人（杀死其他犯人或狱卒）等重罪，最多只能再判个无期徒刑，结果不痛不痒！相形之下，如果有死刑，当无期徒刑的犯人犯下重罪时，就可以派得上用场，对于其他服无期徒刑的人而言，都可以产生警示效果。

赞成死刑，还有一个理由，但是文献上从来没有出现过：战场上两军交战时，兵戎相见，不是你死，就是我亡。打仗不是请客吃饭，兵者死生之事也。对于敌人，无须也无从怜悯，剥夺敌人的生命，就是保障和捍卫自己的生命。既然如此，对于社会外部的敌人——敌军——可以毫不犹豫地剥夺其生命，那么，对于社会内部的敌人——连续杀人、结伙抢劫、性攻击并杀害幼童等的罪犯——为什么不能剥夺其生命呢?

战场上的敌军，可能如你我一般，是正常平凡的小老百姓，彼此未必有深仇大恨，更没有个人恩怨，可是，只因为彼此刚好是敌我，就一律杀无赦！对比之下，社会内部的敌人，对被害人和被害人家属，固然造成惨痛的伤害，对于社会上其他人，也带来沉重的威胁和阴影。这些“敌人”危害和可憎的程度，难道一定小于战场上的敌军吗？那么，为什么可以剥夺社会外在敌人的生命，却不能剥夺社会内在敌人的生命？！反对的理由之一，是一旦把重犯关到牢里，终身监禁，就不会对其他人造成伤害，因此，无需剥夺这些人的生命。这种观点，当然也有可议之处：对于潜在的犯罪者，如果知道不会面对死刑，无需付出最昂贵的代价，那么，根据需求定律，当犯错的代价下降时，就会有较多的人犯下重罪。

以上的论述反映了，对“死刑”的做法，显然可以贴上不同的标签：波斯纳的“犯错概率很小”、贝克的“吓阻效果”“终极惩罚”以及社会的“外部敌人 / 内部敌人”。由此也可见，任何人、事、物，往往有很多的面向，对不同面向的认知和解读，就像是贴上了不同的标签。每一个标签，都捕捉了这个人、事、物的某些神韵，然而，每一个标签和真相之间，也总有远近不等的距离。公共政策的取舍，就是希望对问题的本质（真相），能贴上一个（或几个）比较真实精确的标签，然后作适当的因应。

累犯

第二个贴标签的事例，是犯罪的前科记录，到底该如何处理？具体而言，在接受审判时，如果嫌犯前科累累，那么他（她）以前的犯罪记录，可不可以成为呈堂的数据呈现在陪审团面前？如果可以，陪审团可能对嫌犯贴上“累犯”的标签，因而不利于嫌犯；如果不可以，陪审团会假设：嫌犯如同一张白纸，在被证明有罪之前，假设是无辜！把初犯和累犯同等对待，是一视同仁；把初犯和累犯不同对待，是差别待遇。在法庭审理之前，不妨看看司法体系的其他部分，是采取哪一种做法！

警察局里，刑警中的老鸟和菜鸟，会处理不同的案件，老鸟处理的，通常是比较棘手复杂的案件，要面对比较狡猾老练的嫌犯。检察单位里，也有老手和新手，年轻的检察官，通常处理单纯、刑期较轻的案件。此外，警察到文教区、商业区和特种营业区巡逻时，通常配备不同，心情态度也不同。这些现象，都反映了差别待遇，而背后的原因，其实是一样的：面对不同的情境，一视同仁的成本太高，采取差别待遇，成本低而效益高。

对于初犯和累犯，如果一视同仁，那么从逮捕嫌犯开始，到侦讯笔录，到搜集证据（人证物证），到起诉论证，到法庭审理，都必须假设前科累累的嫌犯，其实是一张白纸；以对待初犯的谨慎态度、程序和做法，来对待累犯。然而，实务上，无论中外，在人力物力的运用上，显然不是如此——对初犯和累犯，会有差别待遇。

司法体系的其他环节上，如果都是采取差别待遇，那么，有什么理由，在法庭审理这个节骨眼上，必须改弦更张，对初犯和累犯一视同仁？如果陪审团知道当事人是累犯，可能先入为主，把无辜者误认为有罪——这是第一种错误；如果陪审团不知道当事人是累犯，可能同情被告，把罪犯误认为无辜——这是第二种错误。那么，以常情常理来判断，临时编组的陪审团，犯哪一种错的机会比较大呢？

累犯涉及的曲折，还可以进一步推敲。假设眼前有两个累犯，一个是有 5 次前科的小偷，一个是有 50 次前科的惯窃。衡量司法体系的资源，考虑陪审团所处的情境，斟酌纳税义务人的负荷——5 次的前科，也许还不值得作为呈堂的资料，50 次前科的资料，难道还不该作为呈堂资料的一部分吗？有 50 次前科的嫌犯，不能怪别人先入为主，该怪的，是自己把自己弄成瓜田李下、启人疑窦，甚至跳到黄河洗不清的窘境。因此，在 5 次和 50 次之间，到底在哪一个数字上分出泾渭，并不明确，然而，总有一个界限，一旦触及，前科的记录就值得呈堂。这种论点，和“三振出局”法的逻辑，有点类似。三振出局，当然可能造成窃钩者终身监禁的错误，但是，成本效益考虑之下，还是成为许多地区的法条。

对于累犯，其实相同。也就是，当前科次数增加到某一个程度时，犯第一种错误（把无辜者误认为有罪）的概率大幅下降，而犯第二种错误（把有罪者误认为无辜）的概率大幅上升。

由贴标签的角度着眼，对于累犯前科的问题，可以得到几点启示。首先，司法体系里的各个环节，只要是人来操作，就不可避免会贴标签，因为贴标签，可以降低思维和行为的成本。其次，对于初犯和累犯采取差别待遇，等于是对两种人分别贴上不同的标签，对于两种人一视同仁，等于是贴上同一张标签。再次，当前科次数不多时，一视同仁的一张标签，可能勉强可行，好坏相去不远。可是，当前科次数不可胜数（50 次以上时），用同一张标签的缺点多、优点少，相形之下，用两张标签的差别待遇，缺点少、优点多。

最后，天平上的两端，一边是嫌犯的权益，另一边，是负荷司法体系成本的纳税义务人，他们的权益。天平两端的利益，显然都很重要。站在纳税义务人的立场——可以说是司法体系最终的价值所在——当然不会赞成：任何情况下，不论嫌犯前科累累到什么程度，都假设是无辜的，清纯一如白纸！

小结

这一节里，探讨了死刑和累犯这两个议题。着眼所在，都是基于贴标签的观点。得到的结论，其实很简单：对于罪行重大的人，如果贴上“社会内部敌人”这个标签，那么，剥夺一个人的生命，就不是那么残忍无稽。同样的逻辑，对于前科累累的嫌犯，如果贴上“和初犯无异、假设为一张白纸”这个标签，在某些情形下，弊大于利。一言以蔽之：贴标签，可以降低思维和行为的成本，司法体系里标签贴得好或不好，值得作成本效益分析。

尾声

信息（information）这个因素，由1961年起得到经济学者的重视。许许多多的经济理论，一旦考虑信息的问题，结论可能就要彻底改变。因特网的快速发展，更是活生生地改变了二十一世纪人们的生活。然而，在法学里，似乎对信息这个议题，鲜少有人关注。在这一讲和后面两讲里，将尝试把信息和法学作一联结。步骤很简单，先针对“贴标签”和“放讯号”这两种现象，提出经济分析。而后，再阐释法学/司法运作里的贴标签和放讯号。最后，再作扩充和引申。

作业

问题1：法律里，对成年人和未成年人的界定，是不是在贴标签？原因为何？

参考分析：在界定法律责任时，希望能区分成年人和未成年人，有行为能力和无行为能力，等等。最好的方式，当然是针对个案来考虑。然而，一般社会都用“年龄”来界定成年人和未成年人。显而易见的，这是一种不得已的“次佳”方案（second best measure）。主要的考虑，当然还是成本。以其他（更精确）的方式界定，会涉及更可观的成本。

问题 2：大陆法系的刑法里，往往考虑嫌犯的“主观恶性”，作为罪与罚的重要依据。如何由贴标签的角度解释？

参考分析：大陆法系的刑法理论，通常强调两点：行为人的主观恶性和行为的客观社会危害性。根据这两点来决定嫌犯的罪责。就“主观恶性”而言，涉及当事人的心智状态，是藏在脑海里的讯息，看不到、摸不着。因此，只能借助于“外在的事实”，间接推断当事人的主观条件。当然，这是一种贴标签的过程，对嫌犯的行为，不同的人很可能会贴上不同的标签！

参考文献

① Akerlof，George & Kranton，Rachel E.，“Economics and Identity”，*Quarterly Journal of Economics*，115（3）：715–53，2000.

② Kato，Junzo，Koji Kosugi，Hiromi Ikeuchi，Noriko Nakagawa，

Kumiko Mori & Hiroshi Nonami, "Measuring Social Stereotypes with the Photo Projective Method", *Social Behavior and Personality*, 34 (3): 319-332, 2011.

③ Riley, John G., "Silver Signals: Twenty-Five Years of Screening and Signaling", *Journal of Economic Literature*, 39 (2): 432-478, 2001.

④ Vaknin, Sam, *The Merits of Stereotypes: Collective and Corporate Narcissism*, http://samvak.tripod.com/14.html, 2002.

第十二讲　司法运作和放讯号

缘起

这一讲的主旨，有两个重点：一方面，介绍“放讯号”的现象，并且由经济分析作出解释。另一方面，把放讯号的现象，和法学 / 司法运作建立联结。由放讯号的角度，阐释诸多司法体系的运作方式。

放讯号的故事

放讯号的故事，以迈克尔 · 斯彭斯（Michael Spence，1973）的论文为经典之作。故事的情节很简单：雇主主观认定：学历高者，生产力高，就付给高报酬；学历低者，生产力低，得低报酬。

实际上，学历和生产力之间，可能毫无关联。可是，为了得到高报酬，高生产力者就去取得学历这个“讯号”（signal）。结果，雇主的信念得到印证：果然，高学历者，生产力高。

对经济学者而言，这个故事主要的启示有两点。第一，雇主主观认定，再得到事实的支持，这是一种自我实现的信念（self-ful filling beliefs）。有点天下本无事，庸人自扰之的味道——雇主的信念，引发员工的因应行为，再印证了雇主（无稽）的信念。第二，雇主的信念和员工的因应（放讯号），可能形成很多种样貌（configurations）。而且，一旦成形之后，循环不已，成为均衡（equilibrium）。由均衡的样貌里，旁观者往往可以逆推回去，萃取表面现象所隐藏的真实信息。例如，路边果树，果实累累——这是现象，逆推回去，果实不是酸就是苦，否则早就被人采光。

放讯号的现象，可以借图 12-1 来表示：法律规定，年幼的被害人，无需和加害人（嫌犯）面对面，这是有意地排除和过滤掉某些信息。由放讯号的角度，这表示司法体系放出讯号，让社会大众知道：法院会保护民众的福祉，不致在审理过程中，受到进一步的折磨。

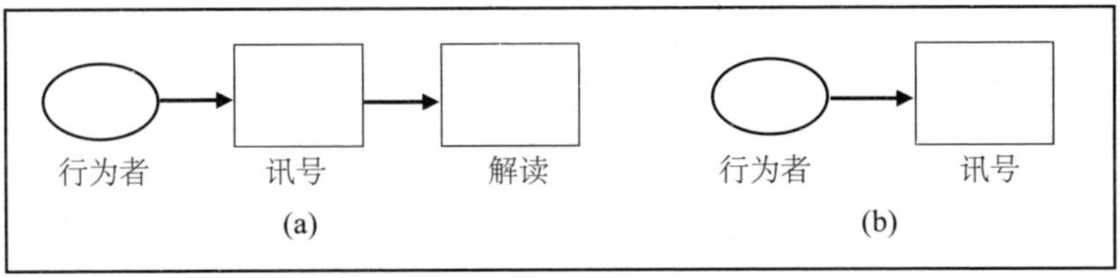

图 12-1　放讯号

图 12-1 左边的（a）栏，画出放讯号的三个环节：行为者（actor）放出了讯号，有人看到了讯号，然后解读这个讯号。当然，原始的“讯号”和最后的“解读”，未必会一致——表错情、好心没好报，都是现成的例子。右边的（b）栏，是放讯号的简化：由行为者放出讯号。每个人根据“自我形象”（self-image），决定自己的举止，由别人的角度来看，各种举止都是在放讯号。

通过图 12-1，可以阐释放讯号的几点含义。在经济学的文献里，多半是由“均衡”的角度，探讨放讯号的现象，关键所在，只是单一均衡（single equilibrium）或多重均衡（multiple equilibria）而已。然而，根据图 12-1（a）（b）的剖析，可以对放讯号作较广泛、一般性的解读。放讯号，不一定和均衡有关，很可能是只出现一次的“单一赛局”（one-shot game）。譬如，两人初次碰面，微笑握手寒暄，脸上的笑容，手掌的姿势和力道，都放出善意的讯号，希望能传递到接受者的身上。在投保人寿或意外险时，必须填写健康情况，这是保险公司要求投保人，放出特定的讯号。随着生化科技的发达，对遗传和基因的了解愈来愈多，保险公司所要求的讯号，是不是有其上限？譬如，可不可以要求投保人，提供家族里过去厌世自杀的记录。

不过，也不尽然。单回合赛局看起来是只此一次，其实还是涉及多回合和均衡。微笑握手，能传递善意的讯号，正反映了双方过去的经验。对双方而言，在握手的那个时点上，微笑握手都反映善意。抽象来看，“微笑握手”和“善意”之间的关联，正是处于一种均衡。因此，双方才可以依赖现有的均衡，传递自己希望表达也希望对方能正确解读的讯号。可见得，即使是单一回合的放讯号，还是涉及均衡的概念。讯号能有效地传递、有效地解读，必须诉诸“释放者”（sender）和“接收者”（receiver）之间，有“重叠的共识”（overlapping consensus）。如果没有重叠的共识，对讯号的解读，就容易出现误会和冲突。

由此也可见得，和贴标签一样，日常生活里，人们不断地放讯号，也不断地接收讯号。人际之间的互动，就是一连串的放讯号、接收讯号、放讯号……

小结

在这一节里，先回顾了经济分析里“放讯号”的奠基之作，而后，以图形呈现出放讯号的核心元素。再根据图形，进一步把放讯号的概念普及化、一般化。放讯号的现象，在日常生活里无处不在，能有效地施放和解读讯号，有赖于人们数据库中的共同部分。没有重叠的共识，讯号将是一堆无意义的动作、符号、现象而已。

司法运作和放讯号

无论是大陆法系还是英美法系，法庭里的摆设、人员的服饰、进出的方式等，都类似一种仪式（ceremony）。仪式的目的之一，就是希望身临其境的参与者，会以特别的心情和态度来参与仪式。仪式的各个环节，显然都具有放讯号的功能。和上一节的论述一样，这一节里将举例——而不是列举——司法里的放讯号（signaling）。具体而言，本节将处理两种放讯号的情境："法原则"（doctrine）和"正常人原则"（the reasonable person rule）。

法原则

在英美等习惯法国家里，大大小小的法原则，往往是由具体的官司中形成。判决一旦确立，等于是揭示了司法体系的立场，放出一个讯号，作为以后社会大众行为和法院判决的依据。不同的判决和连带揭橥的法原则，影响层面当然不同，然而，法原则具有"放讯号"的特性，则是无分轩轾。

2005年，美国最高法院作出判决，为"不合理搜查"（unreasonable search）放出一个清晰、引人注目的讯号。官司的原委很简单：高速公路警察开超速的罚单时，一位同僚带着缉毒犬赶到，嗅闻之下，两位警察在车后行李厢里，发现有价值25万美元的大麻，驾驶员因而被逮捕，判刑12年。驾驶员提出控诉，认为公路警察的作为，违反《宪法》第4增修条款：禁止"不合理的搜查"（unreasonable search），既然程序不合理，所得到的证据（大麻等违禁品），也就不能成为违法行为的佐证。经过一连串的官司，美国最高法院作出决定：处理正常的交通事件时，缉毒犬发掘毒品，并不违反《宪法》第4增修条款。这个决定，显然是放出了一个很特别的讯号，对于交通警察及各地的执法人员而言，今后的举止想必更可以直道而行。

事实上，判决会放出讯号、产生警示效果，是法院可以预见的。因此，法院在审理案件时，就值得采取前瞻性、往前看（forward looking）的态度，预先设想，这个判决会如何影响人们的行为。也就是，在处理手上的案件时，法院值得思索：长远来看，放出哪一种讯号，能诱发出较好的行为因应？弗兰克·伊斯特布鲁克（Frank Easterbrook，1984）提出了一再被引用的经典观点，他强调：法院在处理手上的案件时，要放弃往后看（backward looking）的态度，而采取往前看（forward looking）的视野。因为，往后看，只是切饼的问题；往前看，则是希望饼能变得愈来愈大。由本讲的角度着眼，往前看的视角，目的就是放出好的讯号，而且，贴标签时，也可以有类似的考虑，着眼于未来。当然，放讯号和贴标签，考虑的不只是官司，而是适用于司法体系的其他环节。更广泛地看，组织理论和公司治理，也都可以由贴标签和放讯号的角度，重新检验一番。

法院以判决（或法原则）放出讯号时，不可避免要面对一种缺憾。官司，是已经发生的事，因此，任何判决和法原则，都是以过去的事实为基础。由官司中形成的法原则，也就是由已经发生的事实中提炼而出。可是，未来却未必是过去的翻版或重复，新生事物可能随时产生，对于新生事物，依现有的法原则来处理，可能捉襟见肘，提纲而不能挈领。面对新生事物，怎么办才好呢？

过去既不能依恃，未来又不确定，这时候，面对新生事物，法院比较好的做法，也许就是放出一个模糊的讯号：官司的诸多面向里，法院只处理其中的一两个枝节，针对问题的局部处理，而不处理问题的全面。等累积了足够的案件，对问题的全貌了解比较清楚的时候，再提出原则性的法原则。这种做法，波斯纳称为“打混仗”（the muddle-through approach）——打混仗，不采取明确立场，也是法院所放出的一种讯号。

合理注意原则

在很多侵权官司里，法官会援用“合理注意原则”（the due care doctrine）或“正常人原则”（the reasonable person rule），作为判决的依据。借着一个具体的官司，可以反映这两个类似、但不完全一样的法原则。合理注意原则，对不同的行业和专业程序，有不同的内涵，正常人原则，则通常适用于一般平民大众。这个观念，可以参考美国夏威夷的“圣灵瀑布”（Sacred Falls）发生的落石意外：1999 年 5 月 9 日下午，观光客络绎于途的圣灵瀑布，发生落石意外，烟消雾散之后，有 8 人死亡 50 余人受伤。落石意外所引发的官司，夏威夷法院作出判决：在圣灵瀑布附近的相关地区，夏威夷州立公园没有树立适当的警示标志，提醒游客潜在的风险。

这件官司里，法院借着判决，放出了重要的讯号，而且，稍稍深究就可以发现，法院的判决隐含了两种讯号。第一，法院认定，夏威夷州立公园，没有设立适当的警示标志。这意味着，法院认为：站在专业经营者的立场，这个单位的作为，应达到而未达到“合理注意原则”所隐含的尺度。当然，法院并没有进一步标明，警示标志应设立几个、大小如何、离瀑布和温泉多远、内容如何等，法院只是消极地判定，在这个个案中，夏威夷州立公园“做得不够”。

第二，法院也同时认定，圣灵瀑布的游客们，无须承担过失责任。因为，游客到大自然里休憩活动，本来就承担着某种风险，而且，对于潜在的风险，在某种程度上，本身应负起注意和防范的责任。也就是，根据“正常人原则”，游客也有某种责任。然而，在这件官司里，法院却认定，这个法原则不适用——换言之，法院认为，在这两件意外里，游客的作为“不是重点”。

因此，这件官司，法院的判决，隐含了好几种讯号：夏威夷州立公园的作为，没有达到“合理注意原则”要求的标准，游客们，只需承担“正常人原则”的责任，其他的法原则——最低成本防范原则（the least cost avoider doctrine）和可预见原则（the foreseeable doctrine）等——都不相干。

小结

抽象来看，司法体系所操作的法律，是社会活动的游戏规则。这套游戏规则很重要，原因之一是社会活动像是多回合赛局（a repeated game），会延续下去。因此，法院对游戏规则的阐释，等于是放出讯号，以对未来的活动产生宣示效果。司法体系要放出哪些讯号（清晰或模糊、单一或多个），显然值得作仔细的评估。

尾声

无论是民事还是刑事案件，开庭审理时，当事人、检察官、律师、证人等，所作的发言、面部表情、肢体动作，都是在释放讯息。有些讯息，是经过筛选，有意释出；有些讯息（譬如肢体语言），可能是不自觉地释放而出。既然许多讯息是当事人有意释出，自然而然就涉及真伪的问题。由此也可见，信息问题对法学/司法运作，是个非常重要的问题，值得作有系统、深入的探讨。这一讲里只针对放讯号的概念，稍作发挥。在下一讲里，还会有进一步的探讨。

"法律和文学"（Law and Literature），已经逐渐成为一个小的研究领域：一方面，文学戏曲里，多的是关于官司纠纷的材料；另一方面，司法体系的运作、法律条文、起诉文件、诘问证词、判决公告等，无不涉及文字和表达方式。同样的道理，"法律和信息"（Law and Information），也是一个亟待开垦的园地。一方面，司法体系的运作，搜捕、侦讯、审判等，就是在处理各种信息；另一方面，语言文字符号，都在传递信息，抽象来看，其中的规律性（regularity），和法律当然有互通之处！

作业

问题1：大陆国学重镇季羡林曾有名言：忘却历史，就是背叛未来！

由放讯号的角度，如何解读？

参考分析：伊斯特布鲁克的论文，法学里被引用次数排名前二十，已成经典。重要的论点之一就是：判决时，最好采取往前看的思维方式。看起来是处理过去的，其实是着眼于未来。因此，一言以蔽之，“我们处理过去，是为了未来”。

由这个观点，就容易体会季羡林的警句：如果忘记历史，等于是不处理或放弃了过去。也就是，忘却过去所放出的讯号，是没有为未来着想，对未来的大好时光和机会，可以说是一种背叛。

问题 2：法院和法庭的各种安排，到底希望放出什么讯号？

参考分析：无论大陆或英美法系、无论中外，法院都是很特别的机构。在法庭里，法官、检察官的服饰，原告、被告、证人的座位等，都有浓厚的仪式性、象征性。

这些特殊的安排，可以和其他场所作一对照：譬如，电影院、超市、百货公司、职业球赛的场地。虽然都有各自明确目的，但是和生活里别的场所相去不远。法庭的仪式性、象征性安排，有一个重要的功能。借着服饰、座位、程序等，持续地放出讯号：众人聚集在这里，主要是为了案件，而不是为了其他的功能（如社交或松弛休闲）。所有人注意力集中，以案件官司为焦点，希望能有效率地完成程序，大家避免浪费时间心力，也避免犯错。想象：如果法庭像教室一样，案件审理的效果将是如何？

参考文献

① Brunet, Edward, "Judicial Mediation and Signaling", *Nevada Law Journal*, 3 (2): 232-258, 2003.

② Easterbrook, Frank H., "The Supreme Court, 1983 Term-Foreword: The Court and the Economic System", *Harvard Law Review*, 913 (1): 4-60, 1984.

③ Riley, John G., "Silver Signals: Twenty-Five Years of Screening and Signaling", *Journal of Economic Literature*, 39 (2): 432-478, 2001.

④ Spence, Michael, "Job Market Signaling", *Quarterly Journal of Economics*, 87 (3): 355-374, 1973.

第十三讲　信息和司法运作

宗旨

这一讲有两个目标：第一，进一步整合放讯号和贴标签这两个概念；第二，以这两个概念为基础，阐释司法运作。

这两个目标的趣味，当然值得稍作说明。一方面，贴标签的现象，一向是社会学所探讨的课题；放讯号，则是经济学所研究的主题。可是，在本质上，贴标签和放讯号都和信息有关。而在信息经济学里，这两种现象似乎彼此独立，过去并没有人尝试过，把这两种现象放在一起，比较分析，并且一以贯之。另一方面，司法体系里，信息是个非常重要的议题，可是，信息这个概念，涵盖的面向太广。通过贴标签和放讯号这两个概念，可以具体明确地检验司法体系运作的内涵。本讲希望表明：由贴标签和放讯号的角度，可以对司法运作有更深入的认知和体会。

司法体系的信息问题

这一讲的兴味，可以先借着一个例子来衬托。金融市场（financial market）和司法体系（legal system），看起来是两个截然不同的部门，即使相关，也往往是金融市场的经济活动出了问题，需要由司法体系来处理善后。然而，实际情况，并不是如此。这两个部门，在性质上其实有很多共同点。列举两点，可以略见其余。首先，金融市场和司法体系里的主要活动，都是在处理“信息”（information）。金融市场里，撮合股票交易的买方和卖方，固然是信息问题；公司上市、财务报表、重大讯息披露等，也都和信息有关；司法体系里，原告被告之间的是非，是标准的信息问题；法庭里的审理、两造之间的论对辩难、陪审团的斟酌评估、有罪无罪的认定、对法律和宪法的解释等，也都是在处理信息。

其次，金融市场和司法体系这两个部门，虽然都是在处理信息，可是大部分时候，都不是处理第一手的信息（first-hand information），而往往是间接地处理二手信息（second-hand information）。实际的经济活动，在公司本身的工厂和办公大楼里进行，通过财务报表、证券分析师的评估解读，金融市场里呈现了公司的面貌，这些显然都是二手信息。另一方面，参与投资的大众，也接触不到第一线的经济活动。他们看到的，是公司股价的走势图、历年分派的股息记录和媒体上的各种分析建议等。金融市场里处理的，显然大部分是二手的信息。

司法体系的情形，几乎无分轩轾。刑案发生时，往往只有当事人在场，办案人员事后处理的，已经是二手信息。法院里经过检察官、律师及至于证人等的陈述，陪审团和法官接触的，更是对于事件发生的“描述”（description）。描述，是被呈现出的信息，而不是时光倒流、回到过去、录像倒带、身临其境。刑案是如此，民事官司的原告、被告，不也一样吗？在法庭里，他们各自表述，提出自己对事实的陈述。陈述，是事后的重建，是关系人选择呈现出的信息。因此，司法体系所处理的，在相当的比例上，显然也是二手或三手的信息。

和经济学对贴标签的讨论并不多，乔治·阿瑟·阿克洛夫（George Arthur Akerlof，1970）从指标（indicators）的角度，分析信息不对称时，指标对行为的影响。此外，在劳力市场里，聘雇佣工时如何筛选(screening)，也曾有广泛的讨论。利用指针和筛选，显然都和信息（不对称）有关，也和贴标签及放讯号有关。当然，指针和筛选，贴标签和放讯号等概念，着重点不同。利用筛选和放讯号这两个概念，可以有效地捕捉劳力市场（labor market）的精髓。

司法体系里放讯号和贴标签的例子，所在多有。例如，最高法院判决时，清楚地知道，这个判决会对未来产生影响。也就是说，最高法院通过判决放出讯号，希望产生宣示效果。其次，在官司进行之前，由检察官或法官主持，让双方当事人碰面，通过协商，希望能达成协议，避免由法庭正式审理，以节省司法资源。主持协商时，法官或检察官往往有意放出某种讯号，让当事人知道：一旦正式审理，可能结果会是如何。最后一个例子：众所周知，司法女神雕像的眼睛上，被一条布幔所遮住。表面上的解读，是司法女神只问是非，不问当事人的身份、地位、财产，等等。这是司法体系对当事人贴上的标签，也同时放出了特别的讯号。可见得，司法体系里，很多现象与放讯号和贴标签密切相关。由放讯号和贴标签的角度，阐释司法体系运作，似乎最直觉而清晰。换句话说，利用贴标签和放讯号这两个概念，可以捕捉司法运作的精髓。

在性质上，这一讲探讨司法体系的信息问题。不过，处理的方法，不是提出一以贯之的理论（a general theory），也不是尝试涵盖所有的信息问题；相反的，是以管窥天：通过两个概念——贴标签（stereo-typing）和放讯号（signaling）——希望能阐释司法体系运作的寓意。这一讲的结构如下：在下两节里，将结合贴标签和放讯号的性质和含义，提出整合性的分析。接着，在这个基础上，将向司法体系伸出触角，希望把贴标签和放讯号这两个概念，联结到法学问题上。并且，尝试归纳出一些启示，最后再作出结论。

贴标签和放讯号：联结

这一讲里，将根据前面两讲的论点，提出整合性的分析：先指出在放讯号和贴标签之间，彼此的相同和相异之处。然后，再勾勒出这两者各自着重所在，并且为下一节铺路，准备和法学问题接轨。

放讯号和贴标签的对比，可以借图 13–1 来呈现：

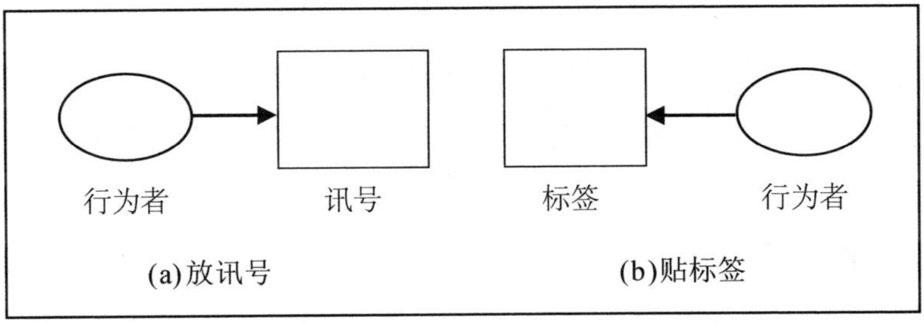

图 13–1　放讯号和贴标签

图中，左边的（a）栏是放讯号，右边的（b）栏是贴标签。放讯号和贴标签之间的共同点，可以列举如次：第一，都和信息有关，也都和“讯号”有关。第二，都涉及对讯号的解读和赋予意义。第三，很多相关的材料（信息），都隐身幕后。在放讯号的情形里，行为者们（讯号的施放者和接收者）过去的经验、社会文化习俗等，都会影响讯号的施放和解读。在贴标签的情形里，被贴标签的人，可能浑然不觉，但是贴标签的人，是依赖过去的经验、社会文化习俗等，贴上他（她）认定适合的标签。第四，放讯号和贴标签的结果，可能是错的、不好的、不正确的，但是，这两种社会现象，在日常生活里充斥弥漫、无所不在。人际互动、社会正常运转，都和放讯号及贴标签有关。第五，追根究底，放讯号和贴标签的基本动力（driving force），都是成本，通过放讯号和贴标签，人们能有效地降低思维和行为的成本。

由图 13–1 里，也可以看出两者的主要差异所在。放讯号的重点，是施放讯号的人，希望接收者收到特定的讯号（或对讯号作特定的解读）。相形之下，贴标签的重点，是贴标签者主动赋予某种讯号（符号）。也就是，居于关键地位的行为者（主动的人），是放讯号的人以及贴标签的人。其他的人，隐身幕后，居于次要的地位。由这些简单的比较，可以看出放讯号和贴标签的相同相异之处。

此外，图 13-1 里所呈现的贴标签和放讯号，只是一回合的景象。一旦考虑到多回合的互动交往，贴标签和放讯号通常环环相扣，互为因果。关于这一点，在后面的分析里，会有进一步的讨论。无论如何，对一般人而言，放讯号和贴标签确实非常重要。对一般人固然重要，对维系社会游戏规则的司法体系而言，意义又是如何呢？

贴标签和放讯号：再论

前面曾经指出，一旦考虑到多回合的情境，贴标签和放讯号往往互为因果，环环相扣。要讨论多回合里的贴标签和放讯号，需要更大的篇幅，专文处理。这里只借着前两讲的材料，稍稍点明贴标签和放讯号这两者之间，在动态方面（dynamic aspect）的意义。

由贴标签到放讯号

在司法运作和贴标签这一讲里，以死刑和累犯为例，说明通过不同的标签，可以对这两个问题有新的体会。这里将略作描述，由动态的角度着眼，不同的标签会放出哪些讯号，长期来看，又会产生哪些影响。

以死刑而言，如果把重刑犯看成是社会的“内部敌人”，死刑就不是那么难以接受。一旦采取这种立场，立刻放出两种讯号：一种具体，一种抽象。具体的讯号，非常明确：重刑犯，不再只是面对终身监禁，而可能被剥夺性命。根据需求定律（价量反向变动），当犯重罪的价格上升时，犯重罪的数量会减少。长期来看，对杀人勒索等重罪，还是会有某种程度（marginally）的影响。

保留死刑，也放出比较抽象的讯号，对死刑这个议题的考虑，焦点已经由死刑犯“本身”，转移到社会“其他人”的身上。考虑的重点，不再是剥夺个人尊严、可能会犯错等因素，重刑犯对社会上其他人造成的影响，变得比较重要。随着跨国恐怖袭击逐渐增加，各国对社会安全的顾虑逐渐加重，由罪犯本身权益转向社会大众权益，似乎是二十一世纪初的趋势。这个趋势会不会像钟摆一样，摆向另一端，当然有待时间证明。不过，钟摆的摆动和位置，是动态演变过程中的样貌（configurations），而这些样貌，显然和对死刑所贴的标签以及这个标签所放的讯号有关。

对于累犯的问题，也可以作类似的考虑。有50次前科的累犯，假如审理时可以把前科记录呈堂，这种做法，会贴出一种特殊的标签，而这种标签，显然会产生放讯号的作用。可能引发的现象，至少有下列几种：第一，50 次的前科记录开始呈堂时，检辩双方和陪审团，显然会特别谨慎，避免被前科这个标签所误导。第二，日积月累，有 50 次前科的嫌犯被认定有罪的比例，当然会高于前科较少、记录没有呈堂的被告。第三，接近 50 次前科的罪犯，可能会避免跨过这个门槛。因此，法庭里出现前科 50 次的被告，可能愈来愈少。这时候，司法体系可能把门槛下降为 40 次，一旦前科达到 40 次，开庭审理时前科就可以呈堂。这时候，同样的过程会再次出现。最后门槛会变成多低，是一个实证上的问题（an empirical question），但是，毫无疑问，对累犯贴标签会放出讯号，而这种讯号，会影响累犯的行为。

由放讯号到贴标签

前一讲的分析，是以法原则和合理注意原则为例，反映司法运作里的放讯号。这里则是进一步阐明，放讯号之后，会造成贴标签的动态影响。

就法原则（doctrines）而言，本身就是一种标签。对不同的案件，采用不同的法原则，就是利用光谱中的某一区间，来认知眼前的情境。在高速公路警察处理超速和缉毒犬介入的事例里，美国最高法院认为并不构成"不合理搜查"。最高法院的判决，对执法人员和驾驶员而言，都是放出特别的讯号。可是，这同时意味着："不合理搜查"这个法原则（标签）的内涵，已经被重新界定。

巡查时对驾驶员的要求和公路警察本身的职责之间，关系将更为紧密。公路警察举止的空间以及缉毒犬的运用，也将更为明确，驾驶员也将期望，缉毒犬的运用，将成为交通警察执行勤务时的一部分。对于“不合理搜查”的概念，以后也会有更清楚的期望、认知和解释。

另一方面，关于夏威夷圣灵瀑布的官司，法院认定公园管理局的作为，没有达到“合理注意原则”所要求的尺度；相对的，游客们本身，则不需要承担“正常人原则”所隐含的责任。可是，判决只认定管理局“做得不够”，而没有说明该做到何种程度。因此，对其他国家公园和类似机构而言，在解读“合理注意原则”这个法原则（标签）时，得到的启示似乎就是：多设警告标志，多多益善！对游客而言，得到的认知和启示（贴上的标签）则是：在国家公园的大自然里，防范意外的责任，是在公园而不在自己。

换句话说，如果法院援用的不是合理注意原则，而是“与有过失”（contributory negligence）——这桩意外，园方和游客都有某种责任（过失），那么，以“往前看”的角度着眼，也许会产生较好的讯号和标签！

尾声

现代工商业社会里，很多专业其实都和信息有关。会计师处理的业务，本质上是信息；医生所处理的，也有相当一部分是信息；教育的各个环节，更不折不扣是信息；司法体系所处理的，表面上是公平正义，其实是信息问题。众所周知的法原则，譬如：超越合理怀疑（beyond a reasonable doubt）、证据充分原则（the preponderance of evidence）、明显而立即的危险（clear and present danger），本质上都是信息问题。

这一讲是由信息的角度，阐释司法体系的某些面向。主要的论点有三：第一，贴标签和放讯号的现象，所在多有，利用这两个简单的概念，可以更清楚地烘托出，司法体系各个环节的意义。第二，贴标签和放讯号的主体，都是人，而人的行为，是为成本效益的考虑所驱动。因此，由成本效益着眼，对于贴标签和放讯号，可以更清晰地看出许多样貌（configurations）背后的脉动和支持条件！第三，司法体系的运作，影响社会的长治久安。司法体系的性质，是一种多回合的赛局。而且，操作司法体系的人，是这个赛局的关键人物，居于主导的地位。因此，对于司法体系里的贴标签和放讯号，值得作有意识的探讨。由成本效益的角度思索，贴上好的标签，放出好的讯号！

传统华人社会里，法院里高悬明镜，这是提醒法官要明察秋毫，也抚慰当事人真理必明。其实，不论是西方眼睛蒙布的自由女神，还是东方法院里高挂的明镜，都和信息有关。这一讲，则是由贴标签和放讯号的角度，进一步阐释信息在司法运作中的意义。

作业

问题 1：第四讲的图 4–1，反映了科尔曼的方法论。和放讯号及贴标签之间，是否可以作一联结？

参考分析：t_0 时点，社会现存的典章制度，具有标签的意义，对于 t_1 时点、微观层次的行为，放出了清晰（或不清晰）的讯号。在 t_1 时点的行为，经过汇集加总，在 t_2 形成宏观层次的典章制度、风俗习惯等。这些都可以看成是凝结而成的结晶体，也具有各自的标签。因此，科尔曼的结构图，可以表示成“标签——讯号——标签”的过程。反复进行，社会缓慢蜕变。

问题 2：贴标签和放讯号这两个概念，在司法运作里，如何融入实务？

参考分析：举例：犯人出狱后，最好能重回社会，因此，“受刑人”“前科”等标签，最好不要影响生活和工作。然而，对于某些罪刑，却采取差别待遇。譬如，娈童症的人，不得申请和育幼有关的工作；多次性骚扰前科的人，要通报社会治安单位，等等。这时候，放出适当的讯号，有助于避免潜在的犯行。贴标签和放讯号，也要作成本效益分析。也就是，针对这两个概念，需要进一步考虑排序（ordering）和程度（magnitude）的问题。

参考文献

① Akerlof, George A., "The Market for'Lemons' : Quality Uncertainty and the Market Mechanism", *Quarterly Journal of Economics*, 84（3）: 488-500, 1970.

② Braithwaite, John, "Penalties for White-Collar Crime", *Complex Commercial Fraud* : *Proceedings of a Conference*, 1991.

③ Posner, Richard A., "Narrative and Narrotology in Classroom and Courtroom", *Philosophy and Literature*, 21（2）: 292-305, 1997.

④ Tamanaha, Brian Z., *Realistic Socio-Legal Theory*, Oxford : Oxford University Press, 1997.

第十四讲　社会科学的养分

宗旨

这一讲的主旨有两点：第一，站在旁观者、社会科学的角度，描述和阐释法学。第二，尝试和捕捉社会科学所隐含的养分。

法内之学

法学，除了是一门学问之外，也和司法工作密切相关。受过法学教育的学子，从事律师、检察官、法官等行业，要面对具体的侦办、起诉和官司案件等。因此，法学的实用性很强，法学教育几乎有一点像是职业教育。法学宿儒波斯纳法官——哈佛大学法学院第一名毕业、根正苗红——尝言：传统法学教育很实际，就像培养出一代又一代能修水管、电灯的技术工人一般。

另一方面，两岸民法第一人王泽鉴教授，也尝言：法学，（可以说）就是释义法学（doctrinal analysis of law）。这句话的内涵，值得稍作澄清。法学中的教义，指的是历来法学界所众议佥同、不争议的一些法原则（doctrines）。譬如，诚实信用原则，私法自治原则、紧急避难原则、正当防卫原则，等等。在这些原则的基础上，设计法律条文，解释法律和处理案件。各种教义（法原则），是操作法律的基础。而且，法原则符合常情常理，也符合一般人道德上的直觉。因此，这些法原则，成为世世代代法律学者和学子，奉行不悖、深信不疑的信念。

由旁观者来看，以法原则（教义）为基础，建构法学理论，是一种低成本的运作方式。然而，有几点根本的问题，却隐身于各种教义之后。第一，这些法原则本身，又是由何而来？在哪些条件下，值得接受这些原则？哪些条件改变，值得调整法原则？如果要调整，又是朝哪个方向？为什么？第二，操作这些法原则时，要实现到哪一种“程度”（magnitude）？为什么？第三，当这些法原则彼此冲突时，该如何取舍？为什么？

对于这些问题，长期浸淫法学的长者智者，可能有一些慧见可以分享。可是，多半是点般的智慧（pointwise wisdom），而不是体系完整的理论。“法内之学”，有一点像是从中间开始，讲了一半的故事。故事的前半段，只能向法外之学汲取养分。

法外之学

从法学之外探讨法学，可以由两个角度：狭隘的经济学，广义的社会科学。

法律经济学

对于法学，经济分析至少有两点可以提供参考。经济活动，最后可以分为两类：供给者和消费者。在市场里，这两群的利益，彼此冲突，直接对立——当然，在较高的层次上，经由交换双方互蒙其利，结果是双赢。两方利益冲突和对立，和法庭里原告、被告的情形，无分轩轾。而且，货币出现之后，买卖不再是以物易物，而是可以利用货币，锱铢必较到小数点之后，也就是，经济分析惯于处理冲突和对立的利益，而且有精确衡量的工具。

对于案件官司而言，如何评估冲突对立的利益，经济分析已经发展出诸多工具，在抽象和概念的层次上，有相通和彼此可以借鉴之处。

社会科学

法学和很多学科之间，都可以建立起联结。譬如，“法学与文学”（Law and Literature），已经是卓然有成的研究领域。何柏生教授的《法学中的数学》，也令人眼界大开。当然，和法学关系最密切的，还是社会科学：人类学、社会学、政治学、经济学。心理学，介于医学、人文学科和社会科学之间。（历）史学，介于人文学科和社会科学之间。

在社会科学里，理论体系最完整的，还是“社会科学之后”——经济学。因此，可以由社会科学的角度，再次阐释经济学和法学的关联。以经济学的发展而言，有两个年份，有着特殊的意义，特别是对法学来说。1776 年，亚当·斯密出版《国富论》，标志着（近代）经济学的诞生。经过近两百年的累积，经济理论逐渐成熟；核心部分，经济学者之间已有相当的共识。1960 年前后，不约而同地，以美国的芝加哥大学为发轫，经济学向其他领域扩充。以经济学探讨社会问题，是社会经济学，奠基者为贝克；以经济学探讨政治过程，是公共选择，奠基者是布坎南；以经济学探讨法学，是法律经济学，奠基者是科斯。

经济学帝国主义向外扩张，当然带来诸多质疑和怨怼。但是，毫无疑问，单单是能跨越传统学科的门槛，在不同的领域里发光发热，就表示经济学的分析架构，不只能分析生产买卖而已。对于政治、社会、法学领域的问题，经济分析的架构都能一以贯之，无入而不自得。换一种描述的方式，就是法律、政治、经济、社会等领域的问题，都是社会现象，表现不同而已。经济学的分析架构，可以分析各种社会现象。在所有的社会科学里，至少到目前（2017 年）为止，只有经济学所发展出的领域，能有这种普遍适用的解释力。

社会科学的养分

对法学而言，社会科学（特别是经济学）是法外之学。由法学外带来的养分，使法学的园地更为肥沃可喜。

加砖添瓦

对传统法学而言，社会科学带来的养分，有几点值得提出。

首先，和“法学即教义法学”的立场相比，社会科学可以把教义（法原则）的来龙去脉交代清楚。各种法原则的基础，不再是来自于学界人士的信念，而是来自于真实世界的材料。也就是，法学理论，可以是一个完整的故事，而不再是由教义（法原则）开始，往下延伸。

其次，传统法学里，规范性、道德性的成分非常浓厚。社会科学，是对社会现象提出描述和解释。这是一种刻画和阐释的过程，是中性而不含价值判断的。传统法学，基本上是应然之学（a normative discipline）；社会科学，基本上是实然之学（a positive discipline）。以社会科学为基础，可以降低法学的道德成分，使法学里的论述更为中性，增加说服力。

再次，对于各种社会现象，社会科学尝试提出解释，也就是回答各式各样的“为什么”。法学教育里，通常以法律条文为起点，解释甲说乙说丙说等。可是，为什么法律如此规定，不但学子们很少追究，连讲台上的老师也往往知其然而不知其所以然。（社会）

科学的最重要功能之一，就是在探索“为什么”。因此，社会科学为法学的许多论述，提供了释疑的材料，而且，能回答一连串的“为什么”，也表示学子们能培养出独立思考的能力——自己提出问题，面对问题和解决问题。

智慧结晶

传统法学，也就是法内之学，一向把公平正义看成是终极价值，至于公平正义由何而来，追求到何种程度等，却往往付诸阙如，不处理，或不知如何处理。

相形之下，由旁观者的角度，社会科学对法学的解读，可以归纳出两点智慧结晶。虽然卑之无甚高论，却是提纲挈领，一针见血。第一，法律即规则，规则即工具（law as rules，rules as tools）。自原始/初民社会以来，人际相处就不可避免地有各式摩擦，小的口角谩骂，大的烧杀掳掠。为了共存共荣，需要一套游戏规则，能处理人际相处的大小问题。而法律，就是慢慢发展出来的游戏规则。因此，把法律“视为”或“解释”为：规则，是一种中性而贴切的描述。进一步，规则的重要作用，就是退而除弊、进而兴利。由此可见，规则是一种工具性的安排，具有功能性的内涵。在众多可能的工具里，选择和配备较好的工具，当然很重要。如何选择和配备好的工具，自然需要更高层次、脑海里的一套思辨能力和筛选标准。

第二，概念即工具（concepts as tools）。对于面包师傅而言，只要能把面包做好，无须多言。对于买面包的消费者，只要喜欢就掏钱，毋庸赘言。可是，在法学和司法运作的过程中，需要经过一连串的论证：起诉罪名、适用法条、证据为何、证人证词是否有效、故意或过失、符合自首与否，等等。每一个环节，都需要论证，而且，因为涉及至少三方面（原告、被告、法院），所以论证的过程和内容必须有客观性。各种概念，就是沟通论证的媒介（medium），但是很明显的，概念只是工具性的媒介，本身不是目的。因此，在法学里，概念的地位重要无比。对于各种概念的阐释和运用，也值得由工具性的角度加以分析，选择好的工具，当然能提升司法运作的效率，提高法学理论的说服力。

架构和分析

社会科学的分析架构，值得再总结归纳一次。如何把分析架构运用到具体法学问题，也值得再展示一次。

架构

前面各讲所介绍的材料里，有两个图形可以再呈现一次。图 14–1，是“基本单位、行为特质，加总和均衡，变迁”；图 14–2，则是第四讲里的单一个。

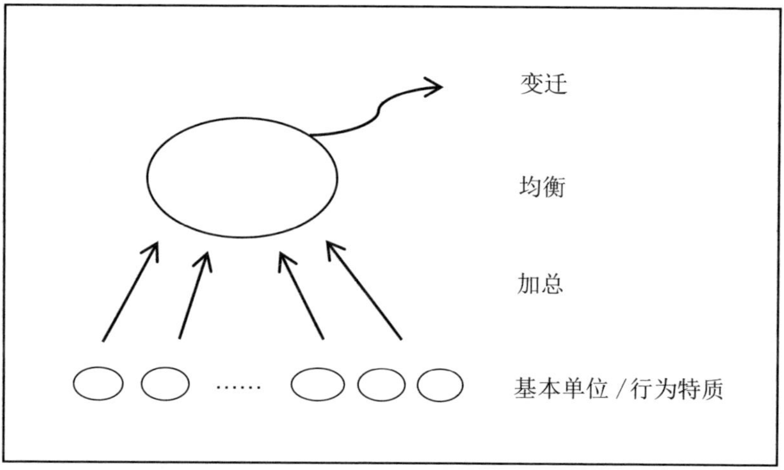

图 14–1 经济分析基本架构

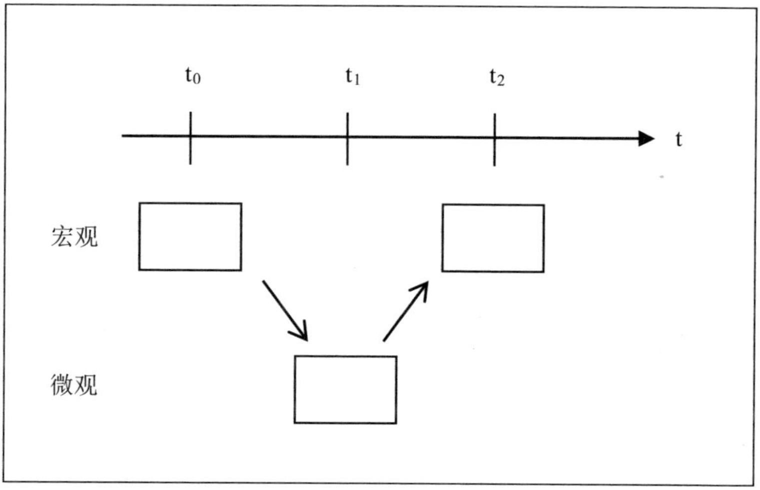

图 14–2 社会变迁

两图所代表的意义，可以简单陈述。图 14–1 的图形：社会现象，是由人的行为所组成，分析的基本单位就是个人，而个人具有理性和自利这两个特质，反映在行为上，就是降低成本。众多个人的行为汇总之后，经过互动而形成均衡。当均衡面对内在或外在的冲击时，会产生变迁。社会的典章制度，包括法律和司法体制，都可以看成是一种均衡。

图 14–2 的图形，有两个重点：第一，宏观层次的风俗习惯、思想观念，影响到微观层次的行为，而微观层次的行为汇总之后，成为宏观层次的现象。第二，“宏观——微观——宏观”的结构，隐含动态（dynamic）的过程和变化，也就是有着时间的因素。对一个社会而言，既有春夏秋冬般，不断重复的成分，也有物换星移、与时俱进的成分。两图的意义，一言以蔽之：存在不一定合理，存在一定有原因；社会现象是有意义的，可以“以理解之”！

分析

利用图 14–1 和图 14–2 以及相关的材料，可以分析法学里的几个概念，目的只是举例说明，其余可以类推。首先，是“因果关系”（causal relations）这个概念。众所周知，因果关系成立与否，和当事人（及嫌犯等）有没有责任密不可分。对于因果关系的探讨，在法学文献和教材里连篇累牍。然而，利用图 14–1 和图 14–2，却可以由社会科学、旁观者的立场，对这个概念添增新的体会。

具体而言，经过长时间的孕育摸索、尝试错误（trial and

error），法学里所接受和运用的因果关系，可以看成是一种均衡：因果关系的内涵以及边界（成立与否），都相对稳定。而且，长远来看，稳定（均衡）的因果关系，通常是直接的、明确的、范围小的、短期的。相对的，长期的、范围大的、隐晦的、间接的因果关系，不容易稳定（成为均衡）。也就是说，不容易被司法体系所接受。再进一步，在面对疑难杂症或特殊事件时，对于承认因果关系与否的取舍，可以采取"往前看"（forward looking）的视角：如果接受（或不接受）这种因果关系，长期来看，会引发哪些行为？由这些行为的良莠，再决定是否接受这种因果关系。

其次，是法学的核心观念，正义。正义这个概念，当然不是从天而降，也不是圣人哲王的教诲。原始/初民社会，为了处理不可避免的冲突摩擦，发展出各式各样的做法，这些做法浓缩抽象的最核心，就是"正义"这个概念。因此，世界各地的人们，面对类似的冲突摩擦，也都发展出类似的概念。正义是一种工具性的设计，具有功能性的内涵，殆无疑义。

正义的概念，经过几千年（甚至上万年）的发展，相当稳定。然而，近几世纪的两个"冲击"，给人类生活带来重大的变化，连带地也为正义充填了新的内涵。精确而言，十八世纪下半叶开始的工业革命，以机器代替人力，大量生产（mass production）应运而生。市场扩大之后，人口慢慢集中，带来都会区和都市化的生活形态。经济活动的规模，远甚于往昔。两个世纪后，二十世纪下半叶开始蓬勃发展的因特网，跨越了地理的疆界和限制，使网络世界/地球村正在快速地酝酿成形。

都会区和因特网的人际互动，都迥异于传统的生活形态

（游牧农业），连带的，人际相处所需要的游戏规则（法律及规则），性质上也逐渐改变。有两点可以参考：传统社会里，应报（retribution）的逻辑（以牙还牙），可能是正义主要的内涵。工业革命后的经济活动，改变了人类生活的样貌，效率的考虑，点点滴滴地注入了正义的内涵（买卖不破租赁）。另一方面，通过因特网 / 手机，人际互动的频率远远超过以往，游戏规则的主要功能，已经由过去的“除弊”转向今后的“兴利”。概念即工具，正义这个概念，虽然名词不变，但内涵已经悄然蜕变、与时俱进，在不同的时空条件下，承担不同的责任，发挥不同的功能。

结语

法学的实用性很强，一向和道德哲学关系密切，却和社会科学若即若离。社会科学所隐含的养分，可以让法学论述更完整有力，对司法运作有实际的好处。而且，法学和社会科学联结之后，智识的成分增加，对于法学这个学科而言，当然善莫大焉。法学教育所培养出来的学子，出将入相，不仅能有效操作司法体系（修好水管、电器），而且能和学术接轨，添增社会科学的智能结晶、知识资产。

作业

问题 1：经济学和其他社会科学有何不同？为什么能成为“社会科学之后”？

参考分析：一个学科（discipline），通常可以用两种方式来界定：这个学科所研究的主题（the subject matter）和这个学科分析问题的方式（the analytical approach）。

经济学所探讨的主题，就是生产买卖、金融贸易等“经济活动”。但是，重要的是经济学所发展出来的研究方法，不限于探讨买卖金融等。经济学能进入法学、政治学、社会学等领域，并且卓然有成，就是依恃普遍适用的分析方法。在社会科学里，其他学科的分析方法，也许长于处理自己学科的问题，却不能跨越学科的门槛、有效地探讨其他学科的问题。“社会科学之后”的说法，其来有自。

问题 2：长久以来，法学也发展出自己高贵尊荣的传统，自给自足，毋庸外而求也。为什么经济分析来势汹汹，一副倚天一出谁与争锋的架势？

参考分析：有两个典故可以作为背景，衬托这个作业的可能响应。首先，在哥白尼发表“天体运行论”被视为异端之前，科学界的共识，一直是地球是平的。在这个基础上，也发展出很多科学知识。其次，大陆法系的民法，物权、债权是众所周知的基本架构。我寻思“为什么”，并且撰成论文，自觉对民法理论有基本的贡献，王泽鉴教授也表示“非常有启发性”。然而，法学界许多人士表示：“为什么民法分物权、债权”这个问题并不重要，只要在物债两分的基础上，发展民法理论就可以了。

不援引社会科学，法学已经有几千年的传承，可以自成体系。然而，对法学而言，援引社会科学，意味着“范式转移”（paradigm shift），由道德哲学为基础，转变成以社会科学为基础。也许很多（甚至绝大部分的）理论都不受影响，但是法学这个学科的性质，已经由规范转为实证。这种转变，有点像是：法学的基础，由流沙转变成花岗岩。

参考文献

① Galbraith，John Kenneth，*The Anatomy of Power*，Boston：Houghton Mifflin，1983.

② Hirshleifer，Jack，“The Expanding Domain of Economics”，*The American Economic Review*，75（6）：53-68，1985.

③ Landa，Janet T.，*Trust*，*Ethnicity*，*and Identity*，Ann Arbor：University of Michigan Press，1995.

④ Lazear，Edward P. & Rosen，Sherwin，“Rank-Order Tournaments as Optimum Labor Contracts”，*Journal of Political Economy*，89（5）：841-864，1981.

第十五讲　虚拟的权利，权利的虚拟
——案例分析（三）

宗旨

这一讲的主旨有两点：一方面，借着三个实际案例，细致琢磨“权利”的身影；另一方面，归纳出其中的共同点，萃取探讨“权利”不同的角度。

小偷的人权和其他

这是最近发生在大陆的真人真事，而且尘埃还没有落定：两个小偷半夜行窃，连续从两户人家得手之后，在第三家下手时出了状况。男主人被翻箱倒柜的声响惊醒，大喊“小偷”。小偷在前面跑，主人和其他见义勇为的热心人士一路追赶。

小偷快要走投无路时，刚好眼前是一个大户人家，有围墙有院子。小偷翻墙而过，希望能甩掉追兵。没想到，院子里有两只尖牙利嘴的大狼狗，当下猛扑而上，利牙大口一阵撕咬。小偷之一连滚带翻，挣扎着爬上院里的大树。然而，因为伤口太多太深，终于失血过多而死！

消息见报之后，立刻引起两种极端反应：支持狼狗的，认为两只牲畜善尽职责，应该得到褒扬才是，小偷活该，自取其辱和自食恶果。持相反立场的，认为小偷即使有过错，罪不至死，纵容两只狼狗行凶，狗主人该负起责任。这件事在网络上引发热烈的讨论，而且意见几乎是一面倒——90%左右的网友支持狼狗/主人，只有大约10%的人为小偷讲话。

狼狗咬死小偷的事，显然不是新生事物。通过网际搜寻，可找到近年来发生在秘鲁首都利马的类似事件。小偷被狼犬咬死，狼犬被警方扣留。然后在民众一片支持声中，警方宣布将狼犬收养为警犬，并且颁发奖状！大陆的两只狼狗，运气和际遇可没这么好。事发第二天，警方就认定：既然有攻击人类致死的记录，狗的凶性已被激发，不再适合存活。因此，立刻执行，把两只负责尽职的狼犬活活吊死！

这件事的是非曲直，当然有很多讨论的空间——大陆的网络上，已经有数万人发表意见。当然，大陆和利马警方的做法，清清楚楚地表明了：不同的环境里，同样的事就是可能有天差地别的处置方式。

学理上来看，这件事的是是非非其实并不复杂，而且类似的例子可以说所在多有。具体而言，对于自己的身家性命，主人当然可以用适当的方式，加以维护和防卫。门锁、铁门、铁窗、铁丝网、围墙等，都是常见的防盗设施。田里随风摆动的稻草人，是希望吓阻盗食稻谷的飞鸟；果园周围的捕兽机和箭弩等，是对付各式各样的贼；等等。

然而，这些防盗防贼设施，可以对入侵的人兽造成某种伤害，却不能过当：围墙上的铁丝网可以通电，但不能是致人死伤的高压电；捕兽机可夹住人兽，但是不能造成人类的伤残。原因很简单，即使是不请自来的小偷，偷得的也只是蔬果财产，**所得利益既然有限，他们所面对的风险惩罚，就不应该以他们的肢体或生命为代价**。举个极端的例子：小偷翻墙跳进院子时，难道可以碰上老虎或鳄鱼吗？更何况，被防盗设施所伤的，未必是小偷。英国历史上有好些官司，都和误伤孩童有关：孩童们在附近玩耍，不小心球滚进果园，小童进果园捡球，却被箭弩射中丧生或终生伤残。

由此可见，咬死小偷的狼犬，听命行事，尽忠职守，值得肯定。没有用链子拴住狼犬的主人，因为过失而造成小偷丧命，是过失致死，要负一定的责任。大陆和秘鲁的民情，是多数民众认为狼狗/主人没错，错在小偷，这只不过反映了这两个地方小偷太过猖獗，很多人都吃过亏——小偷如过街老鼠，人人喊打。

两言以蔽之：各种职业都有职业伤害，小偷所面对的职业伤害里，被狼狗/老虎/鳄鱼咬死不应该是其中之一！相对的，狼狗/老虎/鳄鱼所面对的职业伤害里，咬死小偷而被处死也不应该是其中之一！

虚拟的权利，权利的虚拟

西谚云“太阳底下没有新鲜事”，这句谚语成立与否当然可以争论不休，关键不在于“太阳底下”，而在于什么是“新鲜事”！然而，无论新鲜与否，大千世界总是有源源不绝的事物，不断地考验万物之灵的聪明才智！

目前（2017 年）年龄 40 岁到 70 岁之间的中壮年们，在青少年的青涩时期，几乎都看过或听过《麦田里的守望者》（*The Catcher in the Rye*）这本小说。在知名度和触动心灵上，即使不能和《小王子》并驾齐驱，但是绝对相距不远。《麦田里的守望者》令人着迷之处很多，最为人津津乐道的有两点：一方面，小说男主角霍尔顿 · 考尔菲德（Holden Caulfield）的际遇，有点倒霉又有点荒诞无稽，情节扣人心弦。读者似乎只要拿起电话，就可以和霍尔顿 · 考尔菲德对话谈心。另一方面，小说作者杰罗姆 · 大卫 · 塞林格（Jerome David Salinger）本身行事诡异。1951 年《麦田里的守望者》出版后，几乎旦夕之间风行全球，塞林格选择躲避镁光灯，在林野间隔世隐居，几乎和外界断绝联系。

然而，2009 年已经 90 岁高龄的塞林格，通过律师控告瑞典作家弗雷德里克 · 科尔廷（Fredrik Colting），后者以笔名（J. D. California）出版《60 年后：麦田今昔》（*60 Years Later : Coming through the Rye*），绘声绘色地描述《麦田里的守望者》之后的霍尔顿 · 考尔菲德。塞林格认为科尔廷侵权，因为霍尔顿 · 考尔菲德是他笔下创造出来的人物，他享有关于霍尔顿 · 考尔菲德的种种权利！

官司的是非曲直，将由美国各级法院来操心和定夺。但是，许多读者的心里，却是有点复杂、矛盾和不是滋味。一方面，塞林格的合法权益，当然应该受到保障；可是，另一方面，谁不想知道当年伴随着自己成长的霍尔顿·考尔菲德，这些年来怎么过的，近况又是如何？塞林格自己不动笔，好事之徒借箸代筹，未尝不是一件美事？毕竟，能重拾自己年轻岁月的片段，总是令人神往。以官司本身而言，关键在于：霍尔顿·考尔菲德这个虚拟人物，该享有多少权益？如果“霍尔顿·考尔菲德续集”不行，那么“霍尔灯·考尔菲德续集”呢？或者，“霍尔顿·考尔菲德儿子回忆录”呢？

有趣的是，和塞林格的官司相呼应的考验，目前还没有出现，但是正在地平线慢慢现身，早晚要吸引社会大众的目光，也早晚会成为公共政策和法庭攻防的焦点——真实人物的作为，可以或不可以虚拟到何种程度？具体而言，大众媒体是先有文字（报纸），再有声音（广播），然后有影像（电视）。一幅照片，胜过千言，因此，最好有画面呈现给读者/观众。可是，有时受限于法令规定，不能照相或摄影，只好以画作代替——美国法院里原告、被告的神情，往往被画成素描，在媒体上出现。现在平面和电子媒体纷纷利用“示意图”，以静态的方式捕捉新闻事件当事人的举措。可是，静当然不如动，动画技术日新月异，何不派上用场呢？

试想，如果电视新闻里，以动画的方式，呈现刑案/暗杀/泥石流/秘密会议/行刑等过程，不是更有吸引力吗？然而，可不可以这么做呢？动画有立体感，观众如临现场，身在其境，当然有卖点也有市场。可是，被动画呈现的人物，可不可以声称权利受到侵犯呢？我绑架撕票的过程，一气呵成，动作优雅得很，动画呈现的却是凶狠粗暴，直接破坏我的形象，侵犯到我当事人的权利！因此，真实人物的虚拟化，可以逼真或不逼真到哪种程度呢？

霍尔顿·考尔菲德所衍生出的问题，是小说人物的延伸，是虚拟的权利；新闻事件的动画版，是真实人生的揣摩，是权利的虚拟。这两者算不算是太阳底下的新鲜事？问题显然不在于“太阳底下”，而在于“新鲜事”如何界定！

往日情怀可以重建吗

纠纷会成为法院里的官司，通常是双方都理直气壮，认为对方无理取闹。这件关于婚纱摄影的官司，也不例外。

对原告托德·雷密斯（Todd Remis）而言，际遇确实值得同情。2003年，他和东欧美女米莲娜·葛丽波维卡（Milena Grzibovska）走上红地毯。为留下美好回忆，他花费4100美元，请H&H摄影社负责照相和录像，言明包括所有的过程，特别是最后的舞会。结果，仪式有6个多小时，录像带全长只有4小时，照片部分，最后的舞会和抛花束部分，却意外地不见踪影。雷密斯认为权益受损，要求赔偿不果，向纽约地方法院提起诉讼，法官初步了解后，虽然语多保留，还是同意官司进入法定程序。

法官之所以保留，而且多次引用经典名片《往日情怀》里的乐曲和对话，确是事出有因——原告要求，H&H 摄影社退回 4100 美元，并且赔偿 48000 美元，好重建场景和流程，再完整地录像一次。这个构想虽然出人意料，但并不是天方夜谭。然而，在操作上，却有实际困难。困难之一，是新人早已成为怨偶，两人不但已仳离，新娘已经离开美国，回到东欧拉脱维亚（Latvia）！

被告 H&H 公司，不但振振有词，而且满腹委屈。负责人承认，最后过程没录成是缺失，也愿意弥补。可是，对方提出的要求，根本无从实现。当初收费只有 4100 美元，到目前为止已经花了近 5 万美元的诉讼费用。小本经营的照相馆几十年来为街坊邻居捕捉无数记忆，很可能就此被拖垮、无以为继！

原告很认真，表示将争讼到底，漫长的官司，将耗掉双方可贵的金钱和心力。大千世界里，确实有层出不穷的新鲜事。那么，这件官司的曲折，到底该如何臧否置喙呢？最明显的，是原告的权益。他要求的补偿方式，虽然奇特、不可行，甚至成为笑柄，也不太容易被法官接受。然而，录像失误是事实，他的权益受损也是事实，照相馆不接受他要求的补偿，他只有诉诸司法这个最后的手段。其次，是过失的赔偿和补救措施。

照相馆提供服务，赚的是微薄利润。一旦有过失，当然要负起责任。就像洗衣店一样，偶尔让送洗衣物受损，几乎不可避免。因此，根据行规，以洗衣价格的某个倍数（通常是 10 倍）赔偿，而不是衣服的原价，更不会是衣主所宣称的“特殊纪念价值”。原因无他，利润有限，不值得负荷太多的责任。而且，根据行规赔偿，可以让送洗作业快速进行，长远来看，对众多的雇佣双方，都有好处。

照相馆的情形，和洗衣店有一点微妙的区别：照相录像所处理的情境，通常是人生的特殊时刻，一闪即逝，因此，照相服务本身，也就隐含着特殊价值。一旦有疏失，“倍数赔偿”的做法，不容易抚平受害者的情怀。

然而，相对地，如为微薄的利润，要承担可能的漫天要价或其他“现场重建”等难以负荷的责任。那么，照相馆只有两种选择：或者买保险，把保费转嫁到消费者身上；或者保费过高，转嫁不易，就干脆闭门了事，离开这个市场。无论如何，对雇佣双方都不好。因此，比较可能的结果，是经过漫长昂贵的官司，原告胜诉，但不是全部——照相馆要赔偿某个金额，但无须承担重现“往日情怀”的责任！

还好，即使夫妻已经离异，即使佳人已经不在，“重建婚礼”在观念上还是可行。如果当初佳人在婚礼上分娩，“重建现场”事实上不可能，原告还会提出类似的要求吗？

权利的引申

前面三个案例，都和权利有关。虽然案情不同，又涉及不同的领域、不同的社会，但是，可以归纳出一个共同的主题：专业伦理。

首先，“盗亦有道”，正反映了在传统社会里，也是行有行规、家有家法。各个行业发展出自己的游戏规则，利人利己。游戏规则，就隐含对权利的界定。在狼狗咬死小偷的案例里，可以作不同的引申联想。最明显的一点，是狼狗尽到护土守家的责任，即使有额外考虑（凶性被引发，不利饲养——未定的揣测），最多以安乐死的方式善后，把尽责的狼狗吊死，实在说不过去！

其次，文学创作，当然也是一个专业。这个专业的伦理之一，是不能剽窃他人作品，不能搭便车揩油。因此，保障作品和作家的权利，事实上是提醒其他人：要怎么收获，先那样栽！当然，专利权消失后（通常是，作家过世五十年），作品已经成为公共领域的资产，做法可以不同。事实上，关于神探福尔摩斯，就有不少“续集”——在某个老旧阁楼上，发现世代相传的未刊稿！

婚纱摄影的专业，必然要面对无从避免、偶尔出现的失误。当初签约时，最好有“保险”的安排，对于雇佣双方，都是较好的做法。**关于善后的赔偿，也必然是有限责任。在现代社会里，这几乎是任何专业游戏规则的一部分！**

结语

通过三个案例，可以由“专业伦理”（行规）的角度，对权利的衍生物有生动深刻的体会。专业伦理能够形成和流传，必然是对业内业外（买卖双方）都是有利的。而且，由三个案例里也可以清楚地看出，“天赋人权”的论点没有说服力。在真实世界里，自古到今，无论中外，都是“人赋人权”——而且，是“人赋狗权”！

作业

问题 1：如果饲养狼犬的人，在围墙上标明：内有恶犬！小偷闯入被咬死，主人是否没有责任？

参考分析：如果有明显的标识，小偷狗急跳墙，入内被咬死，自己的责任大，狼狗主人的责任减少。但是，即使有告示，依然不能全部免责。原因很简单，虽然家是一个人的城堡，外人擅入，自己要承担风险。可是，在突发事件时，善良无辜的人（包括小孩）还是可能入内紧急避难。狼狗完全没有绳链，对意外闯入者的攻击，可能就有“防卫过当”的成分。

当然，如果养兰花、育种等处所，为了防止小偷，以狼狗巡守防卫，情况又有差别。这时候，小偷上门是有所图而来，面对防护机制，要自承风险，因为这是“明知山有虎，偏向虎山行”式的、自找麻烦（coming to the nuisance）。

问题 2：婚礼录像带损毁，要求冲印公司善后：婚礼重办，再录一次！除了婚礼味道不同和事实上不可能（宾客、气氛）之外，有没有其他启示？

参考分析：当事人希望重办，捕捉原先的美好时刻，但是，事实上不可能（physically impossible），不像照相或绘图，或许可以接近原物。因此，“重做”这种特定履约（specific performance），只能适用有限的范围。

其次，在类似的情形下，通常善后的方式，就是以金钱补偿。金钱是一种媒介，是解决问题的次佳方案。但是，由此也可见，金钱容易转换成弥补其他的价值，本身有可取之处。在涉及人命的情境里，人命无从“重生”，只好用金钱来弥补。因此，生命有价无价是一个假议题，真实的情况是：人命很珍贵，有时候不得不以金钱来衡量人命！

参考文献

① Elster，Jon，*Local Justice：How Institutions Allocate Scare Goods and Necessary Burdens*，New York：The Russell Sage Foundation，1992.

② McChesney，Fred S.，*Money for Nothing：Politicians，Rent Extraction，and Political Extortion*，Cambridge，MA：Harvard University Press，1997.

③ Demsetz，Harold，“The Problem of Social Cost：What Problem？A Critique of the Reasoning of A. C. Pigou and R. H. Coase”，*Review of Law & Economics*，7（1）：1-13，2011.

④ Williamson，Oliver，*Markets and Hierarchies*，Detroit：Free Press，1983.

第四篇　游于艺

“工欲善其事，必先利其器”。同样的道理，要学好法律，最好先掌握学习的态度、方向和技巧。这一篇的各个讲次，就是针对“学好法律”娓娓道来。而且，更进一步阐明，如何体会法学的智慧结晶，如何优游于法学的智慧资产财富之中。

第十六讲　单一权威和第六伦

宗旨

这一讲的主旨有两点：一方面，标明并阐释，中华文化的两点特质——单一权威和五伦。另一方面，在这两点特质和法律之间，建立起联结。掌握传统文化的特质，才能深入体会法律（法学）在时空中的意义。

单一权威：溯源

地理结构上，中国大陆是一个面积辽阔、平坦完整的区块，是自给自足的一大片土地。南方的寮越高棉等，有丘陵、峡谷、高原等相隔，历史上从来没有因北侵造成过困扰。西边有沙漠阻绝，形成天然的屏障，零星的商旅、僧人，可能往返跋涉，但是大规模的军事行动，却鞭长莫及。东边是大海，船坚炮利之前，不成问题。剩下的，只有北方来的强敌。因此，只要能挡得住北方的威胁，中原大地自成体系，唯我独尊——万里长城修建在北方，是明显的例证。这个完整而相对封闭的地理区块，面积很可观，经过千百年的发展之后，累积了亿万人口。和相邻的高丽、泰国、越南等相比，规模上相差很多。

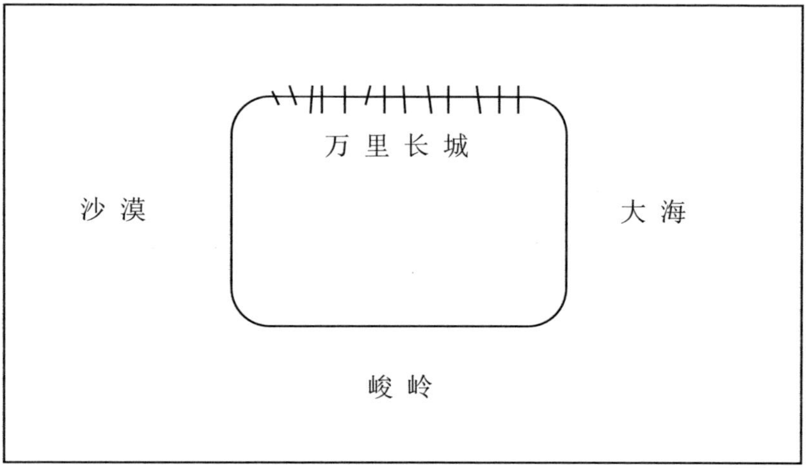

图 16-1　中国中原地区地理条件

在这种特殊的地理条件下，只要交通工具（舟船车马）进步到一定的水平，这个完整的地理区块，容易形成单一的帝国。大一统的思维，应运而生，历代朝廷无不自视为“中土”，皇上自居为“天子”。这种地理上的特征，有两点明显的含义：第一，因为自然条件使然，形成**单一权威**（single authority），形成中央集权，也形成大一统的思想。第二，基于对朝代更迭的忌惮和对权力独享的考虑，中央政权有意识地排斥地方势力；地方自治和公民社会，是华人文化里不存在的概念，因为并没有孕育滋长的条件。

于内没有制衡的条件，于外也没有竞争的压力——邻近诸国规模太小。在这些条件下，历代王朝的兴颓似乎成了一种宿命式的循环：朝政腐败，民众揭竿而起（或外敌入侵），结果改朝换代；开国之初，吏治清明，锐意革新；传宗接代之后，官僚体系和朝政逐渐腐化，民生凋敝，革命或外患又起，等等。因此，单一权威、行政权（皇权）独揽大权、缺乏独立的司法、没有竞争制衡的力量、大一统思维等，可以说环环相扣，彼此支持、同时成立。

要治理和维持一个庞大的帝国，当然需要官僚体系。官僚的来源，也就是选择权的条件，可以粗略地分为两大类：做事的才华，包括打仗、经商、管理庄园等；读书的才华，考试取才。通过考试筛选人才，得到的是吟诗作对、学富五车的官员，但是，同时也是手无缚鸡之力、不识菽麦的书生。秀才造反，能力有限。因此，用读书人来操作行政体系，是风险低而效果差强人意的做法。传统社会**士农工商**的排序，也呼应秀才为官的逻辑——商人，是社会中积累资源最快的一群人，资源多了，就可以养士募兵，对皇权带来潜在威胁。贬抑商人，可以降低风险，有助于维系政权。

儒家文化

几千年的华人文化，经过早期的摸索之后，走上儒家文化的轨迹，从此一以贯之、路径相依，为什么？

对于这个问题，简单的答案，是和其他几种主要思想比较。稍稍琢磨，答案自然浮现：法家，不容易成为主流，两个明显的理由。第一，地理幅员辽阔人口如此众多的帝国，操作一套严谨明确的法律，并不容易。第二，真的就法论法，皇室与庶民一致，不能持久，因为不符合统治者的利益。道家，强调顺其自然，返璞归真。可是，帝国的治理、特权的维护，都要靠源源不断的税收，无为而治，是自找麻烦，搬石头砸自己的脚。墨家，强调非攻兼爱，爱人如己。这种游戏规则，在小范围里也许行得通，对治理一个帝国而言，操作性不高，因为太不实际。

道家、法家和墨家，都各有明显的弱点；相形之下，儒家以“仁”和“礼”为核心的思维，刚好有比较优势。追根究底，“仁”和“礼”就是人际相处的游戏规则。强调推己及人、己所不欲勿施于人、民吾同胞物吾与也、格物致知、修身治国平天下，等等。这些道德上的戒律，合于人情世故，说服力强。而且，虽然性质上是观念，也可以具体成为规定或戒律——落实为政府措施，就是公共政策；落实为行为规范，就是法令规章。在运用和解释上，很有弹性，可以因地制宜，适合幅员辽阔、人口众多的中华大地。

对庞大的帝国而言，有了操作行政体系的官僚（读书人），还需要一套行政治理的准则（游戏规则）。经过尝试错误，罢黜百家，独尊儒术；儒家思想成为主流和正统，其实完全合情合理。儒家的核心思想，是一套人际相处、强调伦常的道德准则。既然是道德准则，解释起来就有相当的弹性。由中央到地方，可以依恃这套“解释操之在我”的准则运作。因此，单一权威、考试取才、儒家思想，彼此环环相扣、互相支持配合。由此而形成的文化传统，源源不绝、一脉相承。当然，历代庶民大众，既享受了这种文化传统的优点，同时也不可避免地承担了这种传统所隐含的缺失！

因此，儒家成为中华文化的正统和主流，是经过尝试错误，慢慢雕塑而成。环境条件使然，一旦走上这个轨道，就是路径相依、长此以往。想起来似乎是偶然，其实几乎是必然！无论如何，儒家成为华人文化的主流，毋庸置疑。即使是二十一世纪，还有少数儒家的捍卫者，挥舞着“新儒家”的旗帜，希望回到美好的旧时光。可是，以儒家为脊梁的传统华人社会，有几点特质却很少受到关注。一方面，传统华人社会的政治结构，行政和司法合而为一，县老爷既是父母官，又是青天大人。司法并没有独立运作的空间，而律令的解释又有相当的弹性。另一方面，几千年来，华人社会一直以农业为主，安土重迁，人口的流动性很低。在这两种条件直接间接影响之下，华人的老祖宗们，就慢慢发展出自求多福的生存机制：家庭里靠伦常（孝道），家庭外靠关系（门道），也就是形成“伦常——关系”的双元轴线（filial piety-guanxi nexus）。

换种描述方式：**伦常，是家庭内的关系；关系，是家庭外的伦常**。借着雕塑和经营“伦常——关系”，进可以兴利，退可以除弊。伦常（孝道）和关系（交情），表面上看起来是道德教化，其实不折不扣是工具性的安排（tool-like arrangement），具有功能性的内涵。而且，关系所意味的人际网络，相当程度上是司法的替代品。正常渠道走不通，只好靠关系作为润滑剂，官府王法不足恃，只好靠其他的方式安身立命！

五伦和第六伦

因缘际会，在华人社会的四个主要地区里（大陆、香港、澳门、台湾），我都曾教过书。一方面是教学和研究上职业性的关注，一方面是智识上的好奇使然，我常在脑海里比较这四个社会的大小点滴。日积月累，多有所得，有些观察甚至发展为学术研究，成为论文，参与学术对话。

我曾发现一个有趣的事实：在台湾、香港、澳门，街上很少看到两车擦撞，然而在中国大陆，无论是在济南、上海、南京、武汉、杭州等城市，擦撞的现象所在多有，几乎无日无之。为了检验我的观察是否平实可靠，我也曾问过两岸四地的学生，答案确实呼应观察。可是，为什么？为什么在大陆的都会区里，两车擦撞的比例特别高？难道，这种现象会一直持续下去？

传统文化里，无论儒道墨法，都非常重视伦常。五伦，可以说是伦常关系的结晶。在君臣、父子、夫妻、兄弟、朋友之间，有一套众所尊崇的行为准则，称为“五伦”。用白话文来表示，就是界定彼此相处互动时的**游戏规则**。五伦似乎你知我知，自古已然，卑之无甚高论。其实，不然。五伦的特色，值得稍作说明。首先，基本上，五伦是以男性为轴线，界定人际关系；女性的种种关系，是并行线般呼应的潜规则。其次，五伦关系都隐含尊卑长幼，包括朋友——不认识的人相识，立刻会询问年纪辈分，分出兄弟；梁山泊好汉，没有血缘，也分出兄长弟幼。分出长幼尊卑的主要好处，是彼此相处有规则可循，降低互动的成本！

1980 年前后，李国鼎（原先攻读物理，后来推动经济建设，对台湾的经济发展有重大贡献）指出“五伦”的缺失，发人深省，对于华人文化而言，有振声起聩的作用。然而，暮鼓晨钟，并没有激起太多的涟漪或回响！李氏认为：传统社会里，流动性小，人际之间的相处，确实可以通过五伦而有效运作。一个人的生活里，就是由五伦延伸出去的人际网络，彼此揖让进退，各有所据。然而，现代社会里，特别是在都会区里，一个人接触互动的，主要都是“不知名的第三者”——超市里的售货员、高速公路上相邻车道的驾驶员、同一电梯里短暂相处共乘的人，等等。这些人都不在传统五伦的网络上，五伦无从发挥功能。因此，现代社会需要“第六伦”——群己关系，一个人和陌生人、不知名的第三者之间，彼此相处互动的游戏规则！而且，这些关系，都是彼此平等，没有尊卑从属。第六伦的前提，和五伦大不相同。五伦关系，都是彼此相识的**人情关系（personal relations）**；群己关系，是彼此不认识的**非人情关系（impersonal relations）**。

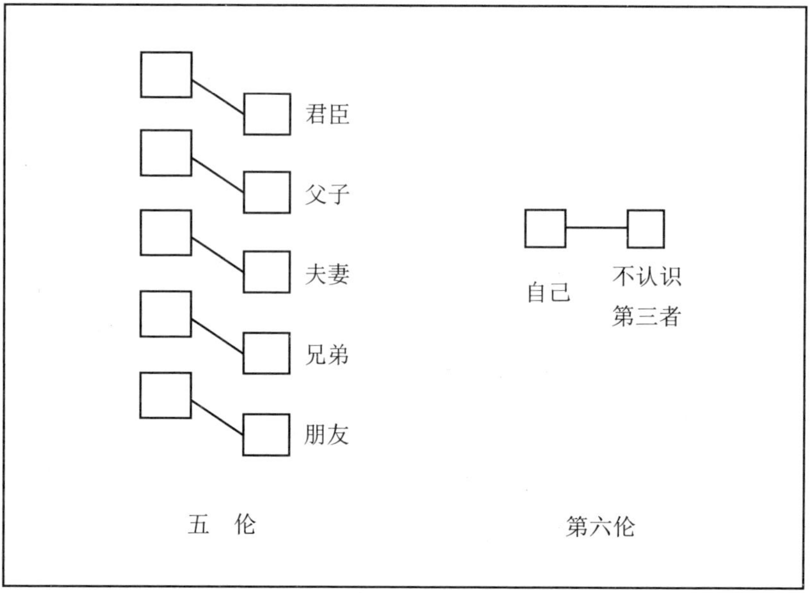

图 16–2 五伦和第六伦

现代社会的组成，主要是基于非人情关系。第六伦既指出传统文化的盲点，又揭橥建设现代社会的关键（之一）。用一针见血、鞭辟入里来形容，是一针见血！由第六伦来解读擦撞的现象，一目了然。因为改革开放、经济快速发展，大陆的都会区逐渐形成，人际之间的互动，陌生人之间的相处，游戏规则还付诸阙如。因此，如果在农村乡镇里，驾驶人彼此相识，彼此谦让，不可能发生擦撞。都会区里，没有五伦可以依恃，又没有第六伦，彼此互不相让，自然容易有冲突摩擦。擦撞只是例子之一而已，超市、地铁里，彼此大声对骂的情形，也所在多有。背后的原因，同出一辙，平等相处的游戏规则，还没有形成和凝固结晶！

引申：更上层楼

中华文化有几千年的传承，博大精深。然而，由单一权威和五伦/第六伦这两个角度，都可以提纲挈领，捕捉传统文化的特质。由这两个角度，也可以琢磨和法律（法学）的微妙关联。

单一权威和法治

单一权威的特色，就是行政权独大，司法体系不自主，主要功能是维持社会稳定，支持皇权。这个文化传统，在二十一世纪初，依然清晰可辨。由中国大陆法院的判决书里，以小见大，可以得到重要启示。

具体而言，法院的（刑事）判决书中，被告的辩解、证据、证人等，只占了很小的一部分，大概5%左右的篇幅。主要的部分，是检察官起诉的罪名、犯罪事实等。而且，有关被告的种种，都是由法官总结陈述，而不是原汁原味、被告/证人本身的说辞。这种控辩双方比重的不平衡，有几点明显的含义。最简单直接的：判决书过滤掉许多生动鲜活的信息，对于司法体系和法学教育而言，都是很可惜的。其次，扬检抑辩的做法，意味着法院似乎和检察院是联手打“双打”，对罪犯采取一致的立场，彼此合作无间。

而共同的功能，就在于维持社会/政权的稳定。

然而，在现代法治社会，强调专业伦理，各个部门，各司其职。法院的最重要功能，是维持公平的审判，让证据说话。打击犯罪的功能，主要是由检察体系和警察（公安）体系承担。法院的定位，值得更为超然，以捍卫法治为核心价值。

第六伦和法治

由第六伦观察华人社会，特别是现代化的过程，有诸多启示。传统华人社会，以五伦为游戏规则，互动的双方，彼此有高下尊卑从属的相对关系。现代社会，第六伦的重要性愈来愈明显，互动的双方，彼此是平等的、一对一的契约性关系。

第六伦的形式和内涵，当然需要时间的孕育和雕塑，很明显的，经济和商业活动，是发展第六伦重要的空间。因此，法治现代化的过程，由经济和商业活动中可以汲取很多的养分。另一方面，五伦和民主的观念也格格不入——民主的基本精神，就是一人一票，票票等值。民主的支持，必然将来自于第六伦，而不是传统文化的五伦。由五伦到第六伦，由传统政治制度到普世价值的民主，都将是漫漫长路。

尾声

法律不只是条文，和社会、文化、历史都息息相关。因此，除了德日英美等法系之外，值得回头省思华人文化的特质，由历史和传统中，体会社会的脉动以及法律 / 法学所面对的挑战。单一权威和五伦 / 第六伦，无疑是盲人摸象式的揣度。然而，在方法论上，完全符合“先了解社会，再了解法律”的宗旨——忘却过去，等于是背叛了未来！

作业

问题 1：单一权威的传统特质，在二十一世纪初的现代社会，是否有变化的契机？

参考分析：单一权威的主要条件，是地理上的自给自足，周边国家规模太小。现代社会，至少有两点明显的不同：第一，中国大陆，已经是世界第二大经济体，在国际社会中，已经是两（三）大超级组织之一。不仅是国际社会的参与者，而且已经是制定和维持游戏规则的要角之一。既然是国际社会的主要成员，所以必须面对国际社会其他成员。和过去相比，不再是唯我独尊、万邦来朝，而是国际社会主要的参与者和竞争者。其他国家的制度和举措，都意味着潜在的对照和压力。

另一方面，现代社会里，许多活动已经跨越地理上的藩篱，国家和主权的概念，也迥异于往昔。譬如，因特网的信息交换、商业活动，早已渐渐形成“地球村”。网络跨境交易的规模，快速成长。对华人文化而言，这是另外一种考验，不能再划地自限，自足于天地之间。

问题 2：第六伦主要是指：“一个人和不知名第三者交往，形成的游戏规则。”华人社会，如何鼓励或培养第六伦？

参考分析：传统社会里，农村乡镇等，是“地理上”的小区，现代都会区里，以专业爱好形成的，是“功能上”的小区。基于共同的爱好或专业而形成，彼此没有从属尊卑的关系，但是，要一起处理一些共同事务，要发展出平等基础上共事合作的习惯和能力。在不知不觉之间，第六伦悄然孕育而生。

因此，华人社会里，值得鼓励和推动各种民间组织（包括公园里的早觉会、广场舞等）。和传统社会相比，他们正是组成现代社会的血肉肌理，也是稳定社会的避震器。

参考文献

① Hsiung，Bingyuan，“Guanxi：Personal Connections in Chinese Society”，*Journal of Bioeconomics*，15（15）：17-40，2013.

② Kuran，Timur，“The Economic Ascent of the Middle East’s Religious Minorities：The Role of Islamic Legal Pluralism”，

Journal of Legal Studies, 33：475-515, 2004.

③ Przeworski, Adam & Fernando, Limongi, "Political Regimens and Economic Growth", *Journal of Economic Perspectives*, 7(3)：51-69, 1993.

④ Putnam, Robert, *Making Democracy Work*, Princeton：Princeton University Press, 1994.

第十七讲　无知之幕与科斯定理

宗旨

这一讲的宗旨有两点：一方面，在闻名遐迩的无知之幕和科斯定理之间，阐释两者的关联。另一方面，借力使力，进一步阐明“规范论述”和“实证论述”的差别以及对法学的启示。

溯源：罗尔斯和豪尔沙尼

约翰·博德利·罗尔斯（John Bordley Rawls，1971）的《正义论》（*Theory of Justice*）非常有名，利用“无知之幕”（the veil of ignorance）的思维方式，探讨一些根本的公共政策议题。处在原始状态（original position）的人们，不知道当幕掀起之后，自己的聪明才智、财产、社会地位将是如何。因此，在选择建构社会的基本原则时，众人会基于正义而归纳出两大原则：第一，每位民众享有最大程度的基本自由；第二，容忍社会和经济的不平等，只要能造福社会中最不幸的分子（the least advantaged）。在精神上，众人合意，因此是“社会契约论”（social contract theory）的传统。

“无知之幕”为大家所熟知，可是虽然一般学者都把“无知之幕”和罗尔斯画上等号，实际上约翰·豪尔沙尼（John Harsanyi）在 1953 年就已经明确提出无知之幕的概念。而且，豪尔沙尼明确指出：处在无知之幕背后的代表性个人（the representative individual），等于是在追求各种可能身份所对应的福祉。

布坎南

布坎南所运用的**“不确定性之幕”（the veil of uncertainty）**概念，最早见诸他和戈登·塔洛克（Gordon Tullock）所合著的经典之作（1962 年）。而后，他多次运用这个概念，作为分析问题的思维模式。这里列举一个事例：间接税。其推论的过程如下。

因为间接税会被转嫁，所以效率比不上直接税，而且，间接税通常是对奢侈品课税，有惩罚性的意味。因此，传统的财政理论都支持直接税，而反对间接税。可是，布坎南认为，在签订社会的基本规章时，“代表性的个人”面临的是不确定性之幕。他不知道，自己未来的身份、地位、财产所得是如何，为求自保，他愿意采取一些保险性的措施：如果是间接税，当自己所得高财富多时，有能力消费奢侈品，也就可以多缴税；当自己所得低财富少时，可能不会去消费奢侈品，所以少缴税。因此，间接税能增加个人的福祉，而不见得是一种惩罚性的税赋。

顾名思义，布坎南的“不确定性之幕”是指在面对未来时，一个人不知道将来自己的身份地位等特质会是如何。既然未来存有不确定性，对于“风险趋避”（risk averse）的人来说，就会在目前这个时点作选择时，未雨绸缪地预为之计。通常，采取预防性措施就是一种“保险”（insurance）。因此，布坎南的思维模式会有两个特点：一是不确定性之幕，一是由不确定性所引发的“保险”。

布坎南的思维模式有几点重要的含义：首先，因为未来存在着不确定性，自己将来可能落入不同的处境；为求自保，个人所作的安排，会使自己将来不论落入哪一种情况，都还差强人意。因此，因为自己也可能成为“他人”，面对“他人”所面对的情境，个人基于自利所作的安排，和个人为他人着想所作的安排，在外观上来看是一样的（observationally equivalent）。其次，既然对每个人而言，未来都多多少少含有不确定性，所以，长远来看，不同个人彼此之间的利益，并不一定有明显直接的冲突。这种思维模式和论述，比较容易在公共政策的论对上引起共鸣，也就是比较有说服力。

最后，因为未来所隐含的不确定性，所以直接对未来的“结果”（outcome）论述可能无关宏旨；相形之下，把焦点转移到“规则”（rules）或“过程”（process）上，可能更有意义。对规则和过程的讨论，可以进一步淡化彼此可能有的利益冲突，也就更容易找到交集和彼此都能接受的“共识”（consensus）。

科斯

在 1960 年的论文里，科斯所处理的问题，主要是关于人际之间的权益直接发生重叠或冲突。科斯提出智识上非常有趣的概念——“零交易成本”——以及由这个概念所界定的“科斯定理”：当交易成本为零时，无论财产权如何界定，资源的运用都会是有效率的。可是，“零交易成本”这个概念很难掌握，因此在文献里出现了**“单一主人”（single owner）**这个思维方式——最早的文献出自威廉·弗朗西斯·巴克斯特和莉莲·高升（William Francis Baxter & Lillian Altree，1972）。

“单一主人”的思维方式，可以借一个事例来反映。在《海事法》里，有“紧急处置”的原则：货船在海上遇到暴风时，可能有翻船之虞。为了拯救整艘船和船上的人员，船长可以采取断然的处置。依他的判断，把最重的船货依序抛弃，以减轻船的负荷。然后，等到风平浪静、船只安全入港之后，再处理善后。根据保留下来的船货，依价值比例分摊损失，以弥补被扔下海的船货。因此，船长所采取的紧急处置，就如同他自己是货船的主人，而且拥有所有的船货。

此外，在科斯 1960 年的论文里，上下游的工厂、火车和农作物、牧场和市场等，都是类似的例子。科斯的思维模式分成两个步骤：第一步，先放弃当事人各自的立场（以及所具有的利益），而站在一个较高的层次，以包括所有当事人在内的角度，评估整体或总合的利益。“单一主人”的思维模式，就具有这种功能。而且，一旦根据这种思维模式得到结论之后，还要检验这种结论在长期来看是否也会成立。如果不成立，就进入第二步。第二步，同时考虑“整体”和“长期”这两个因素，找出能在长期使社会产值最大的处理方式。这时候，就可以以“财富极大”这个概念，作为评估的指标。因此，科斯的思维模式，可以以“单一主人/财富极大”（single owner/wealth maximization）为代表。这种思维模式所处理的问题有两点特色：一是彼此权益发生明显的冲突，一是长期的诱因问题。

抽象来看，这种思维模式有几点重要的含义：首先，不论是“单一主人”还是“财富极大”，科斯的思维模式都是着眼于“效率”，以“效率”作为评估运用资源的指标，也就是作为处理权益冲突的依据。这和传统法学分析以“公平正义”来处理权益冲突，显然有相当大的差别。其次，既然是强调效率，所以相形之下就不考虑“分配”的问题。在前面紧急避难的事例里，“单一主人”的重点其实只是在前半段：船长可以假设自己是船和货的主人，根据他的判断作适当的处置。至于货船平安入港之后如何分摊损失，从“单一主人”的思维方式里，其实不一定能直接得到明确的答案，因为，这已经是在另外一个时点上。

最后一点，运用“单一主人/财富极大”的思维模式，隐含“效率”的指标有某种客观的尺度，能为社会大众所接受。在货船的例子里，大家都接受要先抛弃货物而不是船员或乘客——即使某些货品可能是价值连城或不可弥补替代的珍宝。

联结

科斯和布坎南的思维方式，有几个共同点：第一，都强调要挣脱只考虑狭隘个人利益的思维。科斯是以“单一主人”来考虑双方或多方的利益，而布坎南则是考虑自己未来长远的利益。第二,一旦挣脱个人眼前狭隘的利益考虑，代表性个人所追求的和由社会整体角度所追求的变得无法区分。在这种情形下，利己的考虑就等于利他的考虑。第三，科斯“单一主人”的想法，等于是涵盖多方（也就是多种身份）的利益，而布坎南“不确定性之幕”的思维，实质上也是在涵盖未来各种身份的利益。因此，两人思维方式都是在处理多方（多种身份）的利益，差别只在于科斯是针对“现在”，而布坎南是针对“未来”。

科斯和布坎南的思维模式，可以借下面的图 17–1 很简洁清楚地呈现出来。在时间的脉流中，有 t、t+1 等许多回合，其中，t 是当期（current period）。在每一回合里，一个人可能具有许多可能身份中的一种。假设在当期，代表性的个人是具有第 i 种身份。科斯“单一主人 / 财富极大”的思维模式，就是要先考虑第 i 种身份的利益以及其他身份所对应利益的总和，然后求极大。可是，如果追求单回合里的利益极大会产生跨回合的诱因问题，就要以财富极大的角度考虑长期的问题。而布坎南的思维方式，是在当期、第 i 种身份下，思考自己在未来回合（譬如，第 t+2 回合）里的利益。因为“不确定性之幕”的屏障，代表性的个人会求各种身份对应利益总和的极大。如前所述，在观念上看，科斯和布坎南思维模式的本质其实是一样的。

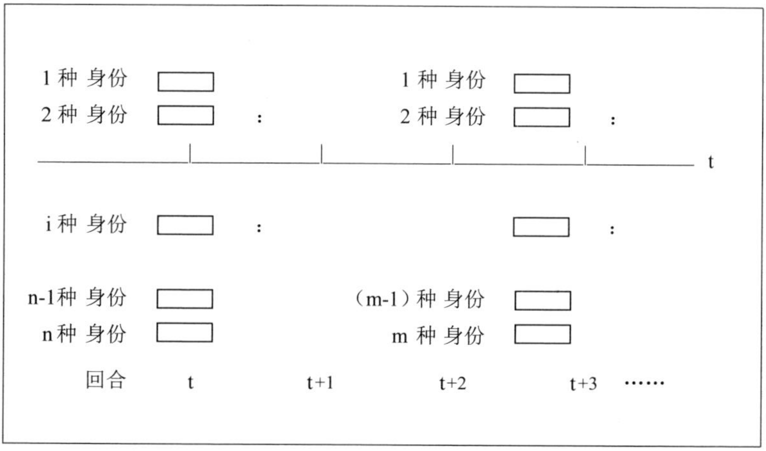

图 17–1　科斯和布坎南的思维模式

在具体的层次上看，布坎南和科斯思维方式所处理的是不同的问题：布坎南探讨的是在面对“未来”的不确定时，个人如何自保；科斯所探究的却是当人际间权益“已经”发生冲突时，如何追求效率。一个是关于“事前”（ex ante），一个是关于“事后”（ex post）。而且，布坎南的着眼点，是在面对未来的不确定时，“个人”如何追求最大的福祉；可是科斯的着眼点，是从社会整体的角度，如何使产值极大。因此，布坎南是考虑（代表性）“个人”

的问题，而科斯则是考虑“社会整体”的问题。可是，在抽象的层次上来看，两种思维方式却有很多相通之处，两种思维方式的本质，其实是一样的。

这里的分析，也触及了“习惯法是否有效率”这个问题。在“货船避难”的事例里，除了效率的考虑之外，还有公平性（重分配）的成分。关键所在，就是后者有适当的条件，可以处理公平性（也就是重分配）的考虑。因此，习惯法的特质似乎是：如果不能处理效率之外的考虑，就只处理效率的问题；如果能处理效率之外的考虑，就处理效率之外的问题。至于在较高的层次上看，“同时处理效率和其他因素”是否符合效率，显然是另外一个问题。

引申

由豪尔沙尼、布坎南到科斯，这三位诺贝尔奖得主的理论发展，可以说是一趟智识之旅。豪尔沙尼尝试建构一个函数，能综合社会整体的福祉——社会福利函数（social welfare function）。布坎南则是希望，由个人为出发点，探讨政治过程的典章制度。科斯的着眼点，是资源分配的问题，但是不经意间，却开启了经济学和法学对话的大门。科斯定理是智识之旅的结晶，也是累积而成的果实。

关于“零交易成本的世界”，“单一主人”是一种巧妙的阐释。另外两种方式，也可以由不同角度捕捉“零交易成本”的内涵。

首先，是“信息完整”（perfect information）的着眼点：如果信息是完整的，无需沟通搜寻，就能掌握所有相关的讯息，交易成本为零，是很特殊的一种情境。其次，依时间划分，交易可以分成“交易前、交易当时和交易后”，各个环节上，都要耗费人力物力。如果三个环节浓缩为一点，交易瞬间完成，就不会有事后履约（践约，enforcement）的问题。**既然不需要处理履约的问题，也就不需要有“物权”和“债权”的区分**。因此，由科斯定理，可以联结到民法物债两分的结构。科斯定理在法学上的意义，似乎还有很大的探讨空间。

此外，无知之幕和科斯定理这两者，也值得揣摩理论上的意义，特别是和法学的关联。就政治哲学而言，“社会契约论”启发人心，而罗尔斯的无知之幕是理论上的新见。走出“丛林社会”签订契约，是托马斯·霍布斯（Thomas Hobbes）的契约论；相形之下，罗尔斯以无知之幕论述，智识和深度都更上层楼。然而，原始状态和无知之幕，都是脑海里的想象，和现实社会的生活经验之间，有一段不小的距离。而且，推导出的正义原则——让社会中最不幸的人（群体），得到最多的照拂——想当然耳地成分浓厚，呼应真实社会的元素有限。整个推论过程，都是以“信念”（belief）为手段，是应然式、规范式的论述。

相形之下，布坎南的“未来不确定性”，却直接呼应日常生活的经验，而且，由自利心为论证逻辑的驱动力（driving force），说服力自然较高。科斯定理的前提——零交易成本——观念上也非常抽象、脱离现实。然而，“单一主人”的概念，却发挥了点石成金的效果：一方面能联结到真实世界里的现象，譬如两人结婚、船长紧急处置、公司重整人等；另一方面，又能在逻辑上链接到“零交易成本”——单一主人，自己和自己说话，没有互动交换讯息的成本。因此，概念固然抽象，相关的论述却是以现实为基础，这是不折不扣的实证式论述，不以信念为媒介。

此外，在无知之幕的背后，如果人是极端的趋避风险，会最在乎将来落入众多可能身份中，“最不幸”的那种身份。为求自保，就会在无知之幕背后选择：使社会中最不幸的人，得到最多的照拂。因此，罗尔斯的理论，可以说是结合了“无知之幕”和“极端风险趋避”这两个因素。在一般的情形下，人并不是极端地趋避风险，因此，罗尔斯的理论缺乏实证的基础，说服力并不特别强。

就法学而言，如果理论能立基于现实，为什么要迁就于抽象的信念。两种基础之间，有如花岗岩和流沙之比！

结语

罗尔斯的《正义论》和波斯纳的**《正义的经济分析》**，两者的差别也许刚好作为本讲的结语。

波氏的巨著，由原始社会为出发点，描述正义的发轫，立论的基础，就是原始社会真实的生活。贯穿其间的，是清楚直接的成本效益分析。相形之下，罗氏的名著，以“初始状态”为出发点，描绘正义的原则，立论的基础，是哲学家脑海里的想象。一以贯之的，是想当然耳的论断。两本书的主题都是正义，但是对法学理论而言，能参考佐证的材料，却相去不可以道里计。

作业

问题 1：“单一主人”的思维模式，能发挥的长处和潜在的局限各为何？为什么？

参考分析：当人际之间的权益发生冲突时，在有些问题上，可以揣测：如果涉及的权益全部由一人所拥有、与彼此权益冲突的两人结婚，这时候就可以由“单一主人”的角度考虑，如何处理权益最好。单一主人的技巧和“假设性思想”（hypothetical thinking）息息相关。因为，单一主人是一种设想的情境，在脑海里而不是在真实世界里存在。

单一主人最能发挥作用的情境，是利益整合之后，运用资源的好坏高下，有明显的方向。譬如，同时拥有上下游工厂，砖厂附近的居民就是砖厂拥有者，等等。然而，如果权益聚合之后，没有清晰的方向，单一主人的技巧可能帮助有限。譬如，朝韩整合之后，也许可以像东西德整合一样，有明确的发展方向，而印度和巴基斯坦权益经常冲突，（假设）两者整合之后如何较好，可能并不明确。

问题 2：布坎南的“未来的不确定性”，使得人们基于自利和利他的考虑，看起来似乎一致。那么，自利和利他的考虑有何差别？为什么？

参考分析：未来有不确定性，自己可能富甲一方，也可能贫无立锥。因此，在设计制度时，会同时考虑未来的各种情况，情况最好的人多付出，最不好的得到最多的照拂。看起来，利己的考虑和利他的考虑，得到一致的结果。

然而，关键所在，是不确定性，一旦不确定减弱或消失，自利和利他的考虑就容易有明确的区隔。对案件的处理，也是如此。自己将来可能是原告，也可能是被告，因此法律最后公正处理，着眼于长期的利益。然而，一旦自己明确地成为原告（或被告），当然利益有明显的归属，利他的考虑淡化。

参考文献

① Baxter，William F. & Altree，Lillian R.，“Legal Aspects of Airport Noise”，*Journal of Law and Economics*，15（1）：1-117，1972.

② Coase，Ronald H.，“The Problem of Social Cost”，*Journal of Law and Economics*，3：1-44，1960.Collected in *The Firm*，*the Market*，*and the Law*，Chicago：University of Chicago Press，1988.

③ Buchanan，James M. & Tullock，Gordon，*The Calculus of Consent*，Ann Arbor：University of Michigan Press，1962.

④ Rawls，John，*Theory of Justice*，Cambridge，MA：Harvard University Press，1971.

第十八讲　学海优游益智游戏

主旨

这一讲有两个重点：第一，举例说明，法学教育中的家庭作业。第二，阐明法学里，智识上生动有趣的一面。

缘起

过去二十余年，在课堂内外，推广“法律经济学”一直是我活动的重点。除了四平八稳的学校教材之外，我也曾设计许多作业、安排辩论、案例报告等，希望在探索法学的过程中，学子们能体会到这个学科在智识上的乐趣。这一讲里，我将依次介绍两个家庭作业、一个辩论主题。

隔空比画

“法律经济学”是新兴学科，利用经济分析的思维，探讨法学问题。在中国台湾和大陆，这个学科都还处于萌芽蓄势的阶段。利用学术休假，我安排到几所大陆法学院，密集地教这门课。除了课程的教材之外，还布置了几个家庭作业，要求修课的硕博士生们，以组为单位完成。第一个作业，是我提供30篇专栏文章，同学们写读后心得。目的有二：希望没有接触过经济学的人，能体会到经济分析的精髓和趣味；同时，希望能由阅读中，试着把学理和生活经验作一联结。

以此为基础，第二个作业要求更高的智识投入：我再提供30篇专栏文章，同时建议几位人选，同学们选择其中之一，然后比较我和另外这位学者的文章。这些学者的知名度都很高，而且都有大量的文稿作品。比较的重点有二：在处理的主题上，两人异同如何？在分析问题的方法上，两人又是如何取舍？

令我意外的是，几个不同学校里，绝大多数的同学都选了贺卫方。贺卫方，北京大学法学院教授，本身就几近是一叶传奇。他文采斐然，风度翩翩，辩才无碍，无论演讲或下笔，都散发出巨大的热情。而且，一向直言无讳，主张废除死刑，强调司法独立等。他的博客名为“守门老鹤”，每年有数十万人次点阅，在许多年轻学子的心目中，贺卫方是他们不折不扣的偶像。

他最为人津津乐道的事，是北大任教多年后，于2008年接受浙江大学的邀约，决定到光华法学院任教。在北大的毕业典礼上，他发表了令人动容的告别演说。然而，他却没有到浙大报到。个中原因，和法学解释一样，有甲说乙说和随便说。通说是，他是法学界和社会的稀有动物，极其珍贵，万一在南方有了闪失，对党和国家的利益伤害太大。

因此，理由不同，殊途而同归，他办了离校手续，但是没走成。结果是，他必须先到新疆去支教（支持教育）两年，才能回北大复职！他在新疆时笔耕不辍，充分反映了他的韧性，对生命和志业的热情！

学生交的报告，内容五花八门，甚至对姓氏名称发挥联想：熊代表积极攻击，而鹤代表稳健守成；熊在山林出没，而鹤在天际翱翔！不过，针对作业要求，报告内容都言之有物。两人文章的涵盖面虽有不同，但都涉及司法制度和死刑存废等。两人之间的差异，并不特别明显。

在论述和分析方式上，两人则是迥然不同。和大多数法律学者一般，贺卫方采取的是规范式论述，先标明一些理念，再以理念处理个案。我的方式，则是让事实来说话，基本上不作价值判断。吉林大学法学院的一组报告，让我眼睛一亮。他们把两位作者同一时期的文稿，辑成两个大文档，然后计算在文档里，两人各自用了多少规范式的字眼，如“我认为、我觉得、我想、应该”，等等。统计结果，大概是 1 ∶ 15。我很少用规范性的字眼，而贺卫方笔下有浓厚的主观价值。这种差异反映了两个学科的特质，也反映了两位作者有意无意的取舍。

其实，这个作业还有一些额外的用意。因为要比较，所以要细读精读，而通过这种深度阅读，由一系列的作品里，可以琢磨作者对文章的构思，以及论理说情的方式。对于自己写文章处理问题，有他山之石的效果。到现在为止，我还没机会碰上贺卫方，如果有缘相见，我会送他一两篇报告里的佳作！

奥运盛会

另外一组作业，也分成两部分：第一部分，针对奥运会的比赛项目，选出十种，五种是以“质”决定胜负，五种是以“量”分出高下。描述决定胜负的方式，以及裁判人数的多少等。第二部分：由奥运规则，联想和比较分析法学中如何处理“质”和“量”的问题。

胜负之间

两个石头，孰轻孰重，容易比较；两幅画，哪一张漂亮，不容易比较。两车相撞，谁对谁错，可能介于两者之间。也就是，轻重、美丑、是非，都涉及价值的**排序**（ordering），要决定适当的排序，难易程度不同。一旦需要排次序，显然就隐含采取了某种**量尺**（measure），度量衡可以决定长短轻重大小，但是是非和美丑等排序，却必须依赖其他的量尺。奥运会里的裁判，是一个好的**参考坐标**（reference framework）。

跳高和撑竿跳的比赛场地，有一位裁判坐在跳竿旁边；拳击赛时，除了场上的裁判以外，圈外还坐了三位裁判；跳水、花样滑冰、体操等，场边有七至九位裁判。不同的安排，意味着操作不同的量尺，三者之间的比较，饶有兴味。

跳高和撑竿跳，情形最简单，选手一跳而过，竿子有没有掉落，一目了然，全场观众都眼见为证。似乎，一位裁判坐在竿子旁边，是多此一举。其实，不然；在选手过竿时，万一有突发情况（强风、地震或场中骚扰），就要由裁判决定，观众帮不上忙。另一方面，花样滑冰和体操项目，选手表演之后，裁判针对“技巧”和“艺术”两个项目打分数，然后，所有裁判的分数加在一起，算出平均数，就是选手的成绩。

拳击赛的情形，刚好介于其间。如果对手之一被击倒在地，只要不是因为低拳（low blow）违规，十秒之后站不起来，胜负立判，全场观众眼见为证，就像跳高和撑竿跳，竿子有没有掉落一样。如果双方打完三回合，就由场边的裁判，决定胜负。每位裁判，每回合打分数，三回合分数加总，选出赢家，然后，三位裁判的决定放在一起，由票数决定胜负，少数服从多数。因此，最后结果，可能是“一致决议”（unanimous decision），也可能是“分歧决议”（split decision）。

对拳击赛的裁判而言，重点是放在两人的差异上；对花样滑冰等的裁判而言，雕凿自己心中的量尺，更为重要。由简单到困难，可以想象成一道光谱（a spectrum），光谱上有很多点，代表不同性质的排序。

质量之间

奥运的众多竞技项目里，有些项目明显地重视“量”——举重、铅球、铁饼、跳高等；有些项目明显地重视“质”——马术、花样滑冰、跳水、体操等。在决定胜负上，衡量的方式不太一样，“量”可以诉诸某种度量衡的工具，而“质”只能诉诸人（裁判）的判断。不过，质量之间的曲折，还值得作进一步的推敲。

很明显的，量和质之间，其实不容易截然划分，而往往是彼此影响。一百米的速度，以时间长短决定，看起来是“量”，背后却是由“质”决定：肌肉匀称程度、起跑反应、体能状态等。众多“质”的因素，影响了最后“量”的结果。还有，不能直接处理“质”，只好退而求其次用“量”来替代。譬如，短跑有没有抢跑，是“质”的判断。但是，肉眼已经无法处理，只好诉诸替代方案——在起跑架下有电子传感器，鸣枪后 0.11 秒内离开起跑架的选手，就被“认定”是抢跑。因为，根据研究，人类听到声响而反应的速度，最快是 0.11 秒！

仔细琢磨，数量其实是质量的特例。在质量的光谱上，有高下的刻度，是“排序”（ordering），有些排序，可以用度量衡等数字来表示，就是“数量”。数量和质量的关系，有点像是价格与价值之间的关系：（货币）价格，是众多价值（美丑是非善恶对错等）之一，而所有的价值，都是相对高下的排序。奥运所揭橥的目标，“更高、更强、更快”，看起来是追求“量”的改善，其实是追求

“质”的提升！

主要的体会，可以简单归纳如次：第一，**奥运规则追求的是公平竞赛，法律追求的是实现正义；公平重视过程，而正义重视结果**。第二，奥运的竞赛项目，有些着重“质”，有些着重“量”。“量”的多少高低，可以借度量衡的仪器，一旦对“量”和“质”有争议，就可以通过“程序”来处理量和质的“实质”问题。第三，无论是奥运规则还是规则的变迁，对法学而言，都反映出“规则即工具，概念也是工具”。

成本效益之辩

在我所推动的夏令营里，参加的多半为法学背景的博士生、教师、法官、检察官等。对于经济学，特别是成本效益分析，都有许多困惑和质疑。因此，我曾经安排辩论，主题就是：“成本效益分析有无局限？”

质疑

关于成本效益分析，常见的质疑是：“如果什么事都讲成本效益，人不就变得庸俗了？”“不是所有的事，都可以用成本效益分析！”“感情、父母子女之情，难道可以用成本效益分析吗？”

这些都是直觉上、想当然耳的困惑，比较深层的理由，约略如此：成本效益分析意味着，人在脑海里会有意识地思维评估，再根据利弊得失的计算作出取舍。可是，在一般人的日常生活里，似乎都是习惯成自然、不假思索、随兴而至的举措，成本效益的念头，似乎很少出现过。除此之外，另一种质疑是：革命烈士、英雄豪杰、舍生取义、见义勇为，等等的行为，难道也可以用成本效益来解释？在采取行动时，这些人的脑海里，难道会以狭隘的成本效益来计算吗？无论是一般人的日常生活还是特殊人物特殊时刻的举止，对成本效益分析的质疑都合情合理。经济学（者），值得正面响应、严肃以对。

回应和引申

对于成本效益的挑战，可以平实清晰地一一响应。首先，金钱货币、商品价格等，只是成本效益分析常触及的材料。成本效益所涵盖的范围，当然远不止于此。情感、道德、良知、伦常，都隐含利弊得失、好坏高下，当然是分析的对象。而且，一般人生活中对于“好不好”“应该不应该”等的考虑，就是不折不扣地在作成本效益分析。

其次，字典依部首（或英文字母）来排序，是为了便于查找使用。分类，能降低成本。同样的道理，日常生活里习以为常、不假思索的部分，正是已经经过分类（sorting）的过程，被归入“不需每次思索”的类别。规则化、卷标化，能降低行为成本。

再次，见义勇为、奋不顾身的人，平日维持“乐于助人”的习惯（规则）。一旦面临类似的情境，自然习惯性（规则化）地出手挺身。有时候，也可能导致不好的结果。还有，英雄豪杰、为国为民的举止，反映出当事人考虑的内容，和一般人不太一样。“死，有重于泰山，有轻于鸿毛”，“虽千万人，吾往矣”都还是成本效益分析后的取舍。

追根究底，成本效益分析就是利弊得失、好歹高下的取舍。人是能思索、会思索的生物，思索的性质就是希望趋利避害——只是每个人对利害得失，有不同的评价而已！试问，如果面对环境里的各种情境，不是考虑好歹得失，那么，人们依恃的是什么——批评（质疑）成本效益分析的人，不妨心平气和地想一想：**不运用成本效益分析，替代方案是什么？**

结语

法学和实务的关系非常密切，以法官、检察官等为主的司法体系，对现代社会的重要性不言而喻。然而，法学也是社会科学的领域之一，除了实务的成分之外，也有智识上的兴味。

这一讲里介绍的作业和辩论，就是希望由不同的角度，反映法学生动有趣的内涵。首先，由短文的比较，可以清楚地看出，经济学（者）和法学（者）论述方式的差异。前者强调“实证”或“实然”（positive），后者强调“规范”或“应然”（normative）。这种对比，衬托出两个学科论述时重要的差别之一。法学虽然号称是“证据之学”，但在实际上却并非如此，对于法律学者（和学子）而言，这未尝不是一种提醒。其次，奥运规则和法学的联结，也是一种对比。奥运裁判和法官，都是在执法，两者的相同相异之处，对法学而言似乎可以萃取不少的启示。而且，奥运项目所隐含“质”和“量”的差别，提供了一个鲜活的角度，可以探讨法学里涉及的质和量，以及如何处理的问题。

最后，是对成本效益分析的思辨。一般人对经济学、金钱买卖、成本效益，往往有着一种直觉上的保留或排斥。对于锱铢必较（？）的经济分析，自诩有着道德情怀的社会大众，似乎有理由质疑臧否。然而，对法学而言，天平两边的高低倾斜，不正是整个学科所关注的焦点（之一）吗？如果不锱铢必较，何来公正严明的判决？司法女神的尊崇，又如何得到社会大众的信赖？更何况，成本效益分析的本质，只是一种普遍有效的思维方式，如果批评之外，没有更好的替代方案，如何能更有效地追求公平正义？

作业

问题 1：奥运裁判和法院法官之间，有没有明显的相同相异之处？对法学研究，有何启示？

参考分析：运动会的裁判，通常是不带情绪地吹哨执法。他（她）的主要功能，是让比赛公平进行，不管结果谁输谁赢。在团体比赛（足球、篮球等）时，如果有人恶性犯规，裁判可能会动气，道德上（或肢体动作上）谴责犯规者，因为，恶性犯规容易造成球员（严重）受伤，增加竞技的风险，改变运动的性质。

相形之下，法官除了主持公正的审判程序之外，本身还有另一种身份：代表社会，对罪犯（被定罪者）宣布惩罚，并且加以道德谴责。因此，无论中外，法官的服饰仪容，都有意地庄严凝重。裁判的衣服，只要易于和球员（竞技者）区隔开来就好。

问题 2：每个学科，都有各自的权威。规范式和实证式分析，是否隐含性质不同的学术权威？为什么？

参考分析：规范式的论述，以道德哲学或信念为基础，不容易直接验证对错是非。因此，往往诉诸过去的（柏拉图、亚里士多德等）或现在的权威。而现在的权威，通常又和年龄息息相关，年龄愈大，业内的分量愈重（拥有的资源愈多）。在人文和社会科学里，这种现象很普遍。

相形之下，实证式的论述，立基于眼见为信的数据或争议不大的逻辑推理。因此，年龄不是问题，而且往往英雄出少年。权威未必年纪大，论资排辈的情形比较少见。一个类似的例子可以参考：农业社会里，经验是有价值的，因此“不听老人言，吃亏在眼前”。相对的，足篮球的职业赛里，年轻就是本钱，钞票最多（讲话最大声）的人，未必是资深球员！

参考文献

① Buchanan，James M.，*Economics from the Outside in：Better Than Plowing and Beyond*，Revised edition，Texas：Texas A&M University Press，2007.

② Frank，Robert，“The Economic Naturalist：In Search of Explanations of Everyday Enigmas”, *Library Quarterly*, 79（1）: 379-382，2008.

③ Simon，Herbert A.，“Models of My Life”，*Journal of Economic Dynamics & Control*，18（5）：1045-1049，1994.

④ Stigler，George，*The Memoirs of an Unregulated Economist*，Chicago：University of Chicago Press，2003.

第十九讲　学好法律

宗旨

这一讲的主旨有两点：一方面，对于学好法律，提出一得之愚。另一方面，介绍一些技巧，希望学法律时，有助于掌握法律的精髓。

过来人语

对于研习法律，站在旁观者和过来人的立场，可以分享几点心得。

为什么?

学习法律，和学习其他学科一样，最好保持好奇心，常问：为什么？问些笨问题，自得其乐，自愚娱人，谁曰不宜。而且，不断地提问和自问自答（设法找到适合的答案），慢慢地培养出对这个学科的了解，特别是根本而重要的核心部分。

不久前的一个场合，两岸民法权威都在场，我不揣浅陋，趋前向其中一位请益："为什么民法要分物权和债权？""因为台湾'民法'是这样规定的！"再问："为什么台湾'民法'要这样规定呢？"回："那你要问X老师"，同时手指台湾民法权威。听到一问一答，台湾民法权威补充："因为世界各国都是这样规定的！"然而，显而易见的，对于这个极其根本的问题，两位权威可能都认为是理所当然，从来没有思索过。这个笨笨的好问题，就引发了一个小小的智识之旅，探索的所得，掌握了物债二分的根本原因。

在社会科学里，可以一直追问"为什么"。追根究底，究其精微，如果答案最后能和达尔文的《进化论》联结，大概就有相当的解释力。为什么？因为"物竞天择，适者生存"——为了生存和繁衍，人类（生物之一）会设法克服困难，自求多福。由经济学的角度看，能解决问题的方式，几乎必然是"成本低，效益高"的做法。也就是，一连串的为什么，最后通常可以和成本效益作出联结。

经典和马步

蹲马步啃经典，练基本功，这是老生常谈，看似陈腐，其实历久弥新。不过，对于“经典”，可以稍稍增添一些新意。

在二十一世纪初，华人社会法学界的主流，还是以道德哲学为理论基础。相形之下，经济分析在本质上，是实证科学（a positive science）。理论的基础，是真实世界人的行为。因此，法律经济学的方法论，是“先了解社会，再了解法律”。经典，不是柏拉图、亚里士多德等的哲人圣王，而是历来经济学者所累积的智慧结晶。在诺贝尔经济学奖的得主里，有好几位的论述，用的数学都很少：科斯、布坎南、诺思、埃莉诺·奥斯特罗姆（Elinor Ostrom）、托马斯·克龙比·谢林(Thomas Crombie Schelling)、奥利弗·伊顿·威廉森（Oliver Eaton Williamson）。他们集大成的作品，可读性都很高，大学的高年级学生都可以体会掌握。此外，波斯纳是经济学和法学的桥梁，他的作品也值得一读再读。

技巧

借着一些灵巧简单的技巧，往往可以轻松地捕捉法律的神韵，而且，以理解之，完全不需要死背死记法律条文。这里，谨介绍三种技巧。

反向思考

这一种技巧很容易，可以称为“反向思考法”或“反向操作法”。如果法律条文规定的是 A，就自问：如果不是 A，而是“-A”（刚好相反），则会如何？两个例子，以小见大。

首先，紧急避难，是文明社会普遍方法保护的做法——在特殊情形下，可以采取特殊的作为，即使侵犯他人权益也无妨。譬如，路途中突遇狂风暴雨，可以闯入空屋躲避。“-A”，就是不允许紧急避难。在这种情形下，不容许采取权宜措施，对当事人固然不好，对其他人也不好。因为，当事人可能招致的损害，无从弥补，而且，每个人都可能面对这种情形。如果屋主（其他人）在场，当然会开门让路人暂时避雨。

其次，众所周知，“买卖不破租赁”是法律对承租户的保障，这是 A。“-A”，就是“买卖可以破租赁”：租期未到，房东把房子卖掉，房客也要跟着搬家。如果法律是“-A”，看起来对房客不利，对房东有利。其实，不然。如果房东可以随时卖屋赶人，房客愿意付的房租，必然较低——因为其他不打算卖房子的屋主，可以保证租期内不卖房，房客因而愿意多付租金。然而，在租期内会卖房子的房东，必然是少数。因此，“-A”意味着，房东的收入减少，得到的是几乎用不上“随时可卖屋”的弹性。对绝大多数房东而言，这显然不是较佳的状态。也就是，法律规定“买卖不破租赁”，对房客和屋主而言，都是好事。如果房东真的可能卖屋，至少有两种变通的做法：短期租约，或者长期租约但是言明可能卖屋，两种情况，都意味着租金的水平较低。

一言以蔽之，如果是法律 A，就想想“-A”的规定，将导致什么后果！

连环图

法律的条文，是一维（one dimension）的文字，然而，法律的内容却往往涉及二维或多维。借着连环图（或流程图）的方式，往往有助于厘清观念，掌握关键所在。

《民法》里的“表见代理”，可以作为例子。这个概念隐含的故事，大致如下：AA 公司的业务代表甲和客户乙有业务往来。一段时间之后，甲用公司的（假）印章，向乙调货（或下一笔大的订单），乙如期交货，甲卷货（卷款）溜之大吉。乙要 AA 公司负责，因为甲是代表 AA 公司，AA 公司不认账，表示甲已离职，或用的是伪造的印章……在这种情境下，到底谁该负责，判断的尺度为何？图 19-1，展现了表见代理的流程，借着这个图形，很容易掌握问题的关键所在。水平方向，是时间轴和对应的不同时点，垂直方向的 AA、甲、乙，分别是公司、业务代表和客户！

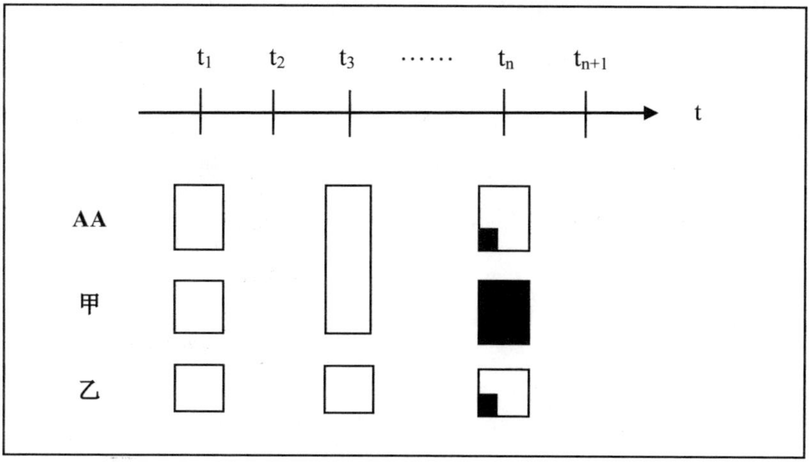

图 19-1　表见代理

刚开始，公司是公司（AA），业务代表（甲）是业务代表，但是，经过一段时间的业务往来，公司和业务代表合而为一，看到业务代表就等于看到公司——不需要每次验证身份，对彼此都方便。然后，业务代表甲搞鬼，借公司之名，行诈骗之实。毋庸置疑，业务代表甲的瑕疵最大。公司（AA）和客户（乙）的责任，就要看这两者瑕疵的相对大小：

公司（AA）的瑕疵 > 客户（乙）的瑕疵　（1）

公司（AA）的瑕疵 < 客户（乙）的瑕疵　（2）

（1）的情形，是指（譬如）公司已经知道甲离职，却没有实时通知平常业务往来密切的客户，让甲有可乘之机。（2）的情形，是指（譬如）客户乙可以明显看出公司的印信不符或表格不完整、程序不完备，但是却没有尽到责任。

一言以蔽之，在“表见代理”的案例里，业务代表必然有瑕疵，关键所在，是公司或客户这两方，谁的瑕疵较严重。或者，谁能以较低的成本避免诈骗，却错失机会。

成语口诀

对于复杂的法律问题，可以试着琢磨关键所在，然后援用成语或口诀，一针见血、画龙点睛地提纲而挈领。

以刑事侦查的“钓鱼执法”为例。警方为了破案逮人，采取灵活的手段。可是，合法非法往往一线之隔，警方有没有逾矩？譬如，小混混平常卖毒品一两克，警方以大单（100 克）诱惑，结果，在交货时逮人，警方有没有违法？图 19–2 里，依时间轴分成两个阶段：“犯意诱发”，根据一般文献，这是嫌犯动心起意的阶段；“机会提供”，这是执行过程中，警方提供机会，嫌犯完成违法的作为。

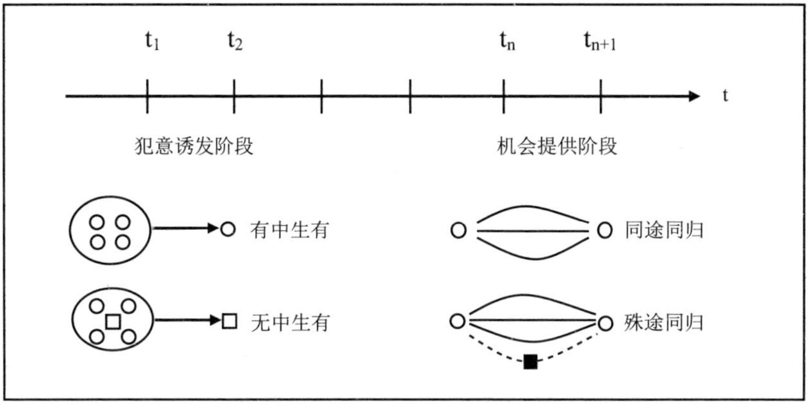

图 19–2　钓鱼执法

在“犯意诱发”阶段，如果警方所提供的诱饵（譬如○），是嫌犯本来就常操作的，这是**“有中生有”，是合法的**。如果诱饵（譬如□），是嫌犯过去所从来没有做过的，因为诱人，所以嫌犯上钩，这是**“无中生有”，基本上是违法的**。在“机会提供”阶段，如果警方所提供的机会，是嫌犯原先经常使用的途径之一，警方没有改变嫌犯的模式，这是**“同途同归”，是合法的**。如果警方所提供的机会，是嫌犯过去从来没有采用过的，因为诱饵，见猎心喜而上钩，这是**“殊途同归”，基本上是非法的**。

因此，警方作为是否合法，“有中生有”（无中生有）和“同途同归”（殊途同归），可以作为分析的量尺。未必百密而无一失，至少清晰好记，易于操作。

把文章写好

法学领域里，文字工作是很重要的一环。无论是论文报告、起诉书、答辩状、判决书等，都要运用文字。如何把“文章写好”，显然值得琢磨。二十余年前任教开始，我写了许许多多的文章。学术论文和各种教材，当然不在话下；此外，还有长短不一，为一般社会大众而作的作品。

这些“社普”（社会科学普及化）文章的成果，差强人意。几点事实，可以稍稍佐证：第一，有两篇短文，被选为台湾高职“国文”教材的课文；第二，曾多次应邀，到文学营里担任“散文写作”的讲师；第三，《联合文学》和《印刻生活文学杂志》，是台湾两本重要的文学类刊物，在这两本刊物里，我都曾经写过专栏；第四，为香港的《信报》和大陆的《南方周末》，也都曾定期撰稿。因此，虽然不是文学科班出身，也绝对不是文艺青年，我执笔为文超过二十年，而且稍有成果。既然如此，我就不揣浅陋，记下写好文章的一得之愚。

首先，最重要的观念：文章为读者而写。为自己写的是日记，其余无论是学校的作文、机关公司里的文案计划还是报章杂志书刊里的各类文稿，都是为读文章的人而写。因此，在构思和落笔时，必须以读文章的人为基础，包括他/她的知识经验、好恶、注意力等。无论在内容、遣词用字、叙述/论述方式上，都要考虑到读者的接受能力。

然后，在读者现有的基础之上，作者的文章能添增一些新的材料。在学术领域里，常用的字眼是“增值”（value added）——你这篇论文的内容，为现有文献添增多少价值。副刊里许多文章，都是处理前人已多次处理的问题或情境，爱恨情仇等，一篇文章能够露脸，一定是和前面类似的作品相比，至少有一点新意。同样，能在民意论坛刊出的文稿，也一定是这篇读者投书比其他类似的投书多了一些成分。

因此，构思文章时，有两个步骤：第一，在这个主题上，读者们的理解或感受程度为何？第二，自己要增添的元素，又是如何？事实上，问自己这两个问题，有助于掌握文章的主旨。无论文章长短，作者必须能以一两句话，总结文章的精髓所在。如果自己都不能掌握文章的核心观点，试问读者难道会有兴趣借箸代筹？在信息泛滥的现代社会，要捕获读者的眼球和注意，这点尤其重要。

其次，文章的内容，通过文字来表达。因此，文字的处理，是写文章的另一个关键所在。绝大多数写文章的人，都不是文学专业或科班出身。在文字的素养上，自然无从太过苛求。不过，即使不求文采斐然，文字的运用还是有高下好坏之分。

对我而言，谨守几个简单的原则：句子最好不要太长，而且多用句点。原因很简单，句子长，读者不容易掌握文意，增加阅读成本。两三个逗点之后，最好就画下句号，重新开始下一句话。如果文义必须连贯，就以分号隔开。就文字本身，引经据典和采用成语，都能使叙述活泼有变化。但是，之乎者也等虚词，能不用最好不用。平凡直叙的白话文，容易阅读，沟通成本最低。李白的诗能跨越古今，原因之一是文字晓白，老妪能解！

检验文字流畅与否的方式，其实也很简单。文章完成之后，自己从头到尾默念一次。如果能口语般地念完，表示文字像讲话般地自然。如果拗口或喘不过气来，甚至无以为继，就表示或者句子太长，或者叙述不平顺。自己念给自己听是一种方式，念给朋友或家人听，是另一种方式。重点是，能平顺念完的文章，已经有一定的水平，让读者能不费力地看完。

一言以蔽之，写好文章的基本原则就是：通顺，言之有物！

尾声和结语

我曾在香港和一位朋友碰面聊天，他是著名的律师，是北京重要律师事务所的合伙人之一。在加拿大出生成长，原先学物理，后来改读法律。他提到，学法律时从不背法条，但是一定探索法条背后的意旨作用。久而久之，自然而然地，他就慢慢体会了法律/法条的精神。几乎是一通百通，无入而不自得。

我的背景是经济学，长年从事教学和研究。对于各种理论观点，习惯性地自问："为什么？"自己了解之后，才能向学生/读者解释。因此，和香港律师朋友的心得一样：常问"为什么"，设法"以理解之"！通过一些简单的技巧，能厘清问题的原委，有助于回答"为什么"。慢慢地，自己思维和分析能力增强，能逐渐说出一番道理，足以说服自己和说服其他人。然后，运用文字表达时，多为读者着想。能表达清楚，自己才算是真正的了解，对别人而言，当然说服力增加。

在不同的场合里，王泽鉴教授曾多次强调：学好法律的方式，是多找案例，和三五好友共同研讨，写成文字，反复修改精炼。可见得，对于法学学子，学问之道无他，“勤奋，得法”，四字而已！

作业

问题 1：前面几讲里，曾提到 A–A′ 的分析方式，和这一讲的 A 及 –A，彼此关系如何？为什么？

参考分析：A–A′ 的分析方式，其实是 A–A′ –A″ –A‴ ……的简化，隐含的意思是，在众多可行方案中，经由比较，过滤出最后两组 A 和 A′ 。就法条或对法条的解释而言，A 和 A′ 通常各有高下，是利弊掺杂的组合。A–A′ 和 A 及 –A 相同之处，是评估何者较佳时，都是采取往前看的思维方式。由 A（A′ ）和 A（–A）所导致的结果，来评估哪一种选择较好。不同之处，是 A 及 –A 直接对立相反。A–A′ 的组合，可能是由很多可能选项中筛选而出；–A 的出现，只要把眼前的法律条文作 180°旋转，直接相反，就可以进一步思索深究。

无论如何，A–A′ 及 A 和 –A 的组合，都是分析问题的技巧。刚好巧妙地呼应了原告被告、有罪无罪、天平两边的对比。技巧是思考问题的出发点或切入点，是找出“牛肉”的有效途径，但并不是“牛肉”本身!

问题2：在表见代理的问题里，AA公司、业务代表甲和客户乙，这三者之间的责任分担，有没有必然的高下？为什么？

参考分析：雇佣关系或当事人—代理人问题（Principal-Agent Problem），是自古已有的困扰，不只是经济活动，其他领域亦然——“将在外，君命有所不受”，对君王来说就是喜忧参半的棘手麻烦。

表见代理，是在雇佣关系上添加另一个参与者——客户。三方关系，看似麻烦，焦点很清楚，还是在业务代表（甲）身上。造成甲出问题的原因不可胜数，譬如：公司（AA）管理松散，让他有机可乘；或者，客户不重视标准作业程序（SOP，standard operation procedure），让他觉得可以捞一笔。

不过，无论外在因素如何，出问题的肇事者还是业务代表（甲），在绝大多数的情形下（容或有极少数的例外），他要承担主要的责任。次要责任，就是公司（AA）和客户（乙）之间的比较。公司（AA）基于本身利益的考虑，通常会指责客户，认为客户应辨别业务代表的“个人行为”和“业务行为”。然而，当业务代表正常表现时，这两者事实上是合而为一。两者合而为一，“业务代表即公司”可以降低运作成本，对大家都有好处——在没有出问题时!

参考文献

① Dorner, Dietrich, *The Logic of Failure : Why Things Go Wrong and What We Can Do to Make Them Right*, Translated by Kimber, Rita & Kimber, Robert, New York : Metropolitan Books, 1996.

② Rubin, Edward L., "*Law and the Methodology of Law*", *Wisconsin Law Review*, 72（3）: 521-565, 1997.

③ Strunk, William Jr. & White, E. B., *The Elements of Style*, Hong Kong : Longman, 2008.

④ Sunstein, Cass R., *Behavioral Law and Economics*, Cambridge : Cambridge University Press, 2000.

第二十讲　冲突不是坏事
——案例分析（四）

宗旨

这一讲的主旨有两点：一方面，借着实际的个案，阐明法律的本质。另一方面，由个案中，萃取法学思维可能的走向。

生命的比拟

对于生命（主要是指动物，主要是指人类）的礼赞歌咏、感叹神伤，史不绝书。“视死如归”，是把生命看得稀松平常，像回家吃晚饭一般；“人命如草芥”，是把乱世时的生命，比拟为随风飘荡的种子。

生命本身的意义到底如何，似乎不容易有定论。但是，借着各种极尽巧思的比拟，可以对生命有更深刻的体认。而且，抽象来看，这种比拟和譬喻，还透露出一种重要的讯息：一件事物（包括生命）的意义，是由其他事物所衬托而出，是被充填和被赋予的。

不同的学科里，对生命有轻重不同的论述。在法学论述里，生命的意义是重要无比的课题。历来的法学巨作，也一向对生命赋予崇高尊贵的地位。然而，绝大部分的讨论，是以道德理念为基础，再诉诸古今中外哲学家的权威。相形之下，以比拟的方式琢磨生命的内涵，或许能带来一些新意——死刑和器官买卖，是两个既生动也争议不断的议题。关于死刑的争议，前面第十一讲里曾提到，这里进一步发挥。

反对死刑的诸多理由，理直而气壮，掷地有声，毋庸赘述。但是，据我所知，有一个赞成死刑的理由，从来没有在文献上出现过。具体而言，两军在战场上交战时，兵戎相见，不是你死，就是我亡。打仗不是请客吃饭，兵者死生之事也。对于敌人，无需也无从怜悯，剥夺敌人的生命，就是保障和捍卫自己的生命。既然如此，对于社会外部的敌人——敌军——可以毫不犹豫地剥夺其生命，那么，对于社会内部的敌人——连续杀人、结伙抢劫、性攻击并杀害幼童等罪犯——为什么不能剥夺其生命呢?

战场上的敌军，大多只是正常平凡的老百姓，彼此之间未必有深仇大恨，更没有个人恩怨。可是，只因为彼此刚好是敌我，就一律杀无赦！对比之下，社会内部的敌人，对被害人和被害人家属，固然造成惨痛的伤害；对于社会上其他人，也带来沉重的威胁和阴影。这些“敌人”危害和可憎的程度，难道一定小于战场上的敌军吗？那么，为什么可以剥夺社会外在敌人的生命，却不能剥夺社会内在敌人的生命？

另一方面，在现代文明社会里，毫无例外一律禁止器官买卖。然而，法令明文禁止，并不意味着不存在。事实上，随着科技的进展，医疗的人力物力愈益充沛，器官移植在技术上已经渐趋成熟。黑市里的器官买卖，早已经不是新闻。因此，对于许多器官的移植而言，手术的风险，已经不再是主要的障碍，反对的理由，还是历来对于生命 / 身体的认知。

以换肾为例，目前许多国家都接受亲友捐赠的做法，或者意外死亡者和死刑犯，也可以捐出器官，因此，大部分造福需要换肾的人。然而，和需要的人相比，法令所允许的供给只是杯水车薪。肾功能出问题的人，只好借助于洗肾，然后经历漫长等待岁月的煎熬，除了生理和心理上的折磨之外，也耗费极其可观的医疗资源。

那么，以洗肾延续生命，是一种做法；经过适当程序，允许某种程度的器官买卖，以换肾来充填生命，是另外一种做法。考虑两种做法所涉及的人力物力，考虑患者本身的尊严和生活质量，也考虑器官买卖所可能带来的纠纷，目前依赖洗肾 / 禁止器官买卖的组合，一定比较好吗？

以社会的外部敌人 / 内部敌人思索死刑的做法，以洗肾 / 器官买卖思索肾脏病患者的际遇，都是借着比拟对照的方式，对生命的意义作某种充填。当然，这种比拟的好坏，值得和其他的比拟作一对照！

艾滋器官的价值？

因为一连串的失误，台大医院使得艾滋病病患的器官，移植到五位病患的身上。意外事件发生之后，当然有诸多问题要处理，最重要的问题之一，是对于接受器官的病患／家属，如何弥补和赔偿？

如果在法庭相见，官司胜负其实非常清楚：台大医院没有遵守标准作业程序，要确定器官没有受感染才可以动手术。因此，接受器官移植病患／家属的权利，受到严重的侵害。家属所受的心理煎熬、病患日后的医疗问题等，暂且不考虑。针对病患本身，被善意（！）地移植艾滋器官，该赔偿多少金额？

关于侵权和契约的赔偿，有两个常用的参考坐标：恢复原状和履行契约。汽车坏了送修，不但没修好，还损坏其他零件，恢复原状，就是解除契约，恢复到原先状态所需要的花费。如果修缮过后，跟原先承诺的有差距，两者差别所隐含的损失，就是该赔偿的金额。

乍看之下，在艾滋器官移植的案件里，这两个参考坐标都不适用：恢复原状，是把已经移植的器官移除，回到原先等待移植的状态。履行契约，是移植协议原先的默契：移植后，病患和其他类似换肾／换肝／换心等一样，经历正常的复健和风险。然而，带有艾滋病病原体的器官，即使移除或再移植健康的器官，病患（几乎确定）已经感染，生命的性质大不相同。两个参考坐标，都是可望而不可即。

然而，仔细思索，也未必如此。具体而言，站在目前这个时点上，不妨问一个假设性的问题："如果"在手术之前，就知道移植的器官带有艾滋病原，那么，病患的选择会是如何？是不接受移植，继续待在等候名单上，希望下一个捐赠者（不知何时）出现？或者，即使知道是艾滋器官，手术之后将感染艾滋病，生活质量将下降，生命也可能在几年后结束，然而，有**缺憾的生命当然不尽如人意，但是至少能离开病床，回到生命原先的轨迹上。**

这两个选项有点残酷，却可以让问题更直接真实，对于不同的人，在这两者之间，显然有不同的取舍：比较年轻、比较容易得到器官、潜在捐赠者较多、比较执着的病患，可能倾向于继续等候。相对地，年纪较大、身体状况已经走下坡、不容易得到捐赠器官的，可能倾向于后者——两害相权，取其轻！与其继续等候，不如移植艾滋器官，享受有缺陷但来日无多的生命！

由此可见，在接受器官移植的病患里，以病患本身的条件和特质，大致上区分出两种类型。对于这两种类型，在赔偿金额的计算上，可以有不同的取舍。事实上，**在极端的情形下，病患可能不要求任何赔偿**——器官移植之后，能享受一段正常的生活，而在艾滋病原发威之前，因为其他器官衰竭，生命已经划下美好的句点。

然而，无论援用哪一个参考坐标，对于这些病患的金钱赔偿，最好有这一项——惩罚性赔偿（punitive damages）：对于故意或重大过失造成的伤害，针对的不是受害人，而是加害人。在一个年人均所得近两万美元的发达地区，在一个居于龙头地位、享有国际声誉的医疗机构里，竟然会犯下如此的"低级错误"！对台大医院祭出惩罚性赔偿（譬如，每位病患1亿台币，也就是江国庆被误杀后当局赔偿的金额），不只是处罚台大医院／台湾大学／纳税义务人，更重要的是警惕世人：现代文明社会里，尊重标准作业程序，就是保障别人和自己。

抽象来看，惩罚性赔偿有多严峻，艾滋器官的价值就可以有多高！

冲突不是坏事

曾有名言：我不寻求冲突，但是我不畏惧冲突。这句名言，颇有道理。至少，对我而言是如此！

学校附近有一地铁站，搭地铁时，我常把自行车停在站旁大楼的骑楼下。好几次，自行车被移到骑楼外的马路上，东倒西歪。我曾到服务台告诉保安：骑楼是公共场所，可以停自行车，不要随便动我的车。前几天又看到自行车被移，倒在地上。我找到保安，他说是奉命行事，把责任推给大楼管理委员会。我表示：不是要找他麻烦，给我管委会的电话，我会直接沟通。没想到，这位老兄竟然说：没有电话，电话可以上网查。我肾上腺素大量分泌，没好气地问他：有什么见不得人，为什么不能给电话号码？他满脸无所谓，不给就是不给。

回到研究室，我打开计算机，立刻上网，查出辖区派出所的电话！接通之后，我说明曲折，表示将立案，控告管理委员会“毁损”我的自行车。警员口气和善，问我要到派出所还是现场，然后约好 10 分钟后现场见。回到现场，保安请来管委会的总干事。警员问明原委，问我自行车停哪里，问我车子哪里受损？我强调，这是文明社会、法治社会，在墙柱上贴告示：“不准停车，否则将以‘废弃物’丢弃”，于法无据。而且，随便移动别人财产，造成损伤，当然侵权违法。我指着车子横杆的刮痕，重漆费用大概 120 元，就是我要求的赔偿金额。

保安承认，是他搬动车子。总干事强调，自行车乱停，万一经过的路人绊倒，大楼管委会要负责，清空是防患未然。警员两边说项，告诉保安和总干事，他们没有权利随便动别人的车，并告诉我，小事一桩，真的要提起诉讼吗？来回劝解，最后和解成立：以后保安可以照相存证，但是不能动车。总干事道歉，再自己掏腰包，赔偿 60 元。双方签字，彼此不得再提诉讼。

吵了一个多小时的架，口袋里多了 60 元，气消了大半，头脑也清楚了一些：由“维权”的角度来看，管委会和我都理直气壮。大楼管委会希望骑楼美观通畅，不希望自行车摆放，合情合理。我使用公共空间，不希望车被移动受损，于法有据。彼此权益发生重叠时，经过冲突而厘清权利归属，可以说是好事。现代文明社会，依法治程序而捍卫自己的权益，利己利人。

为了自行车的停放冲突，看似为鸡毛蒜皮计较，有人吃饱饭没事干，借吵架锻炼 EQ 张缩的能力。其实，不然！虽小道，必有可观者：地铁站旁的大楼，负荷了额外的重担：因为有地铁站，所以有大量的乘客，乘客的自行车和摩托车等，当然要停在车站出口附近。如果地铁公司设置的停车空间不足，自然而然地会停到附近的大楼店面住户等地。因此，对于骑楼下的自行车，管委会要找麻烦的对象，不是车主，而是地铁公司。地铁公司配套设施不足，对附近造成不利影响，必须因应处理——就像地铁沿线要设隔音墙，降低噪声一样。

当然，市政府也可以响应：地铁站附近的大楼店面等，价格一再上涨，市政府并没有课增值税，管委会该自求多福，处理停车问题。显然，又是权益重叠，发生冲突。同样地，值得通过文明的程序，厘清彼此的权利。冲突不是坏事，而是契机，借着处理冲突，可以澄清权利的结构，有利于资源的有效运用！

怎么花赔偿的60元呢？当天下午运动跑步后，我到附近的鲜果行，加40元买了箱橘子，请鲜果行送到派出所，慰劳警员，表达我对警员处理冲突时稳重干练的敬意！

整合和提炼

无论中外的法学界，目前的主流思想还都是认定：法律的主要功能，是在追求和实现公平正义。可是，由前面的案例中，可以清楚地看出（或至少感觉出）：在很多情形里，什么是公平正义其实相当模糊。

在两“生命的比拟”里，有两组对比：首先，战场上的敌人，生命可以随时剥夺，这是社会的“外部敌人”；对同胞犯下重大罪行的，是社会的“内部敌人”。两相比较，内部敌人的生命一定不能剥夺吗？其次，换肾，可以涉及某种程度的器官交易；不换肾，生活质量可悯。两相比较，一定有明显的高下吗？

由此可以提炼出一点心得：法律，只是一种规则，规则的本质，是在处理不同价值之间的冲突，而未必和公平正义有关。这些体会，在“艾滋器官”的案例中，更是清晰可见。当不同的价值发生冲突时，刚好是一个契机，可以琢磨较好的规则。在不同的规则里，选出一个“较好”的。所谓的“较好”，未必是符合公平正义的，而往往是能让大家共存共荣的。

结语

由这三个案例，可以归纳出两点体会，对法律学者和法学学子而言，都值得驻足沉思：第一，法律的功能，未必是追求公平正义，而是在处理价值冲突。第二，法律的功能，过去是以“除弊”为主，今后，可能“兴利”才是重点所在。

作业

问题1：在器官买卖的案例里，洗肾和换肾的比较，各依恃哪个参考坐标？为什么？

参考分析：在禁止器官买卖的前提下，大部分患者没有适当的捐赠者，只能以洗肾度日。参考坐标，就是禁止器官买卖，而更根本的前提则是基本人权或道德哲学的信念。相形之下，换肾（逐渐开放肾的来源）的参考坐标，是长时间洗肾所隐含的生活质量及可观费用，更根本的前提，就是随着医学科技的进展，换肾的风险已经逐渐降低。

两相结合，意味着：以换肾为例，过去以道德信念支撑禁止器官"买卖"，有相当的说服力，医疗科技进展之后，替代方案的可行性愈来愈强。逐步放开器官"移植"，或许是未来值得认真面对的选项。

问题 2：如果是人赋人权，动物、植物是否也有权利？

参考分析：由自然法的立场出发，可以推演到基本人权。可是，由自然法，如何解释"法人"呢？可见得，人赋人权较有说服力。法人，是人所创造出来的，希望能发挥某些作用。法人，像公司组织等，是没有生命的"人工物"（artifact）。

相形之下，动物、植物是有生命的，自然而然更适合享有权利。动植物的权利，是由人所赋予的，和法人的权利一样。

参考文献

① Kuran，Timur，"The Economic Ascent of the Middle East's Religious Minorities：The Role of Islamic Legal Pluralism"，

Journal of Legal Studies, 33：475-515，2004.

② Parisi，Francesco，"Positive，Normative and Functional Schools in Law and Economics"，*European Journal of Law and Economics*，18（3）：259-272，2004.

③ Posner，Richard，*Frontiers in Legal Theory*，Cambridge，MA：Harvard University Press，2003.

④ Ramseyer，J. Mark，*Odd Markets in Japanese History*，Cambridge，UK：Cambridge University Press，1996.

熊秉元的法律经济学

《正义的成本：当法律遇上经济学》

《解释的工具：生活中的经济学原理》

《优雅的理性：用经济学的眼光看世界》

《正义的效益：一场法学与经济学的思辨之旅》

《效益的源泉：捕捉生活中的经济学身影》

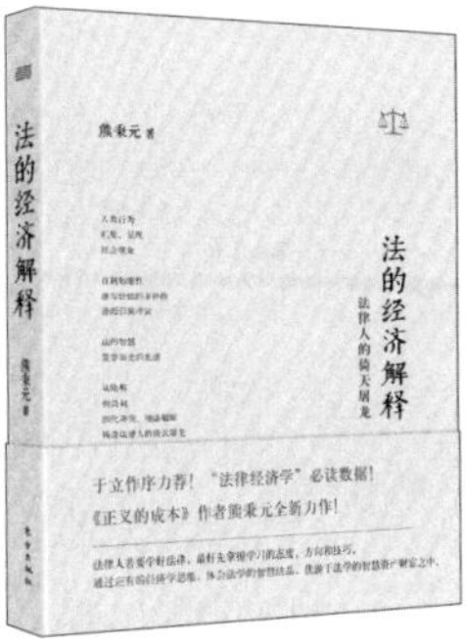

《法的经济解释：法律人的倚天屠龙》

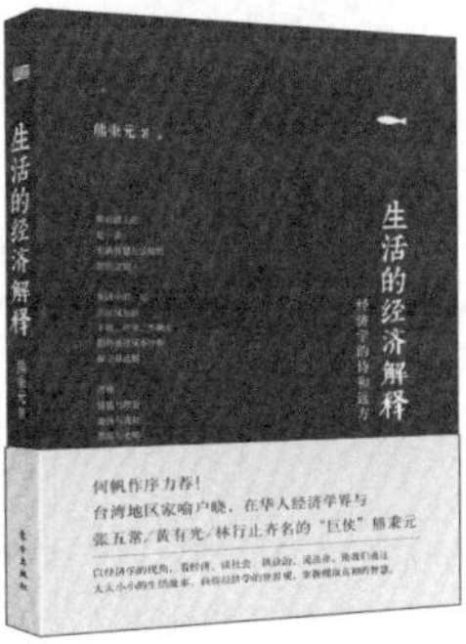

《生活的经济解释：经济学的诗和远方》

策 划 人：吴玉萍
产品经理：王　端
责任编辑：许剑秋　王　端
责任审读：刘淑芹
统　　筹：吴玉萍
封面设计：关红丽
责任营销：高玉梅 (010) 64021138
投稿信箱：dfyxpress@126.com

图书在版编目（CIP）数据

法的经济解释：法律人的倚天屠龙 / 熊秉元 著. — 北京：东方出版社，2017.3
ISBN 978-7-5060-9570-9

Ⅰ. ①法… Ⅱ. ①熊… Ⅲ. ①经济法－研究 Ⅳ. ①D912.290.4

中国版本图书馆CIP数据核字（2017）第050875号

法的经济解释：法律人的倚天屠龙
（FA DE JINGJI JIESHI：FALÜREN DE YITIAN TULONG）

作　　者：熊秉元
责任编辑：许剑秋　王　端
出　　版：东方出版社
发　　行：人民东方出版传媒有限公司
地　　址：北京市东城区东四十条113号
邮政编码：100007
印　　刷：北京汇瑞嘉合文化发展有限公司
版　　次：2017年5月第1版
印　　次：2018年6月第2次印刷
印　　数：10 001–18 000册
开　　本：880毫米 × 1230毫米　1/32
印　　张：8.625
字　　数：119千字
书　　号：ISBN 978-7-5060-9570-9
定　　价：45.00元
发行电话：（010）85924663　85924644　85924641